KB060979

인문학자 공원국의 유목문명 기행

인문학자 공원국의 유목문명 기행

신화부터 역사까지, 처음 읽는 유목문명 이야기

초판 1쇄 인쇄 2021년 8월 19일 **초판 1쇄 발행** 2021년 8월 26일

지은이 공원국
펴낸이 이승현

편집2 본부장 박태근
지적인 독자 팀장 김남철
편집 김광연
디자인 김준영

펴낸곳 ㈜위즈덤하우스 **출판등록** 2000년 5월 23일 제13-1071호
주소 서울특별시 마포구 양화로 19 합정오피스빌딩 17층
전화 02) 2179-5600 **홈페이지** www.wisdomhouse.co.kr

ⓒ 공원국, 2021

ISBN 979-11-91766-57-8 03900

인문학자 공원국의
유목문명 기행

신화부터 역사까지, 처음 읽는 유목문명 이야기

공원국 지음

위즈덤하우스

유럽 지도

본문에 언급된 주요 지명을 정리했다. 이 지명을 토대로 다양한 유목세력의 이동 경로, 세력권 등을 파악할 수 있다. 괄호 안은 현재 지명이다.

① 보스포루스해협
② 콘스탄티노플(터키 이스탄불시)
③ 아테네
④ 키클라데스제도
⑤ 할리카르나소스(터키 보드룸시)
⑥ 크레타섬
⑦ 알렉산드리아
⑧ 카데시(시리아 홈스주)
⑨ 사라이(러시아 볼고그라드시)
⑩ 티플리스(조지아 트빌리시시)
⑪ 키시(이라크 바빌주)
⑫ 바그다드
⑬ 바빌론(이라크 바빌주)
⑭ 우루크(이라크 무탄나주)
⑮ 타브리즈
⑯ 술타니야
⑰ 베히스툰
⑱ 이스파한
⑲ 페르세폴리스(이란 파르스주)

라인강

드네스트르강

다뉴브(도나우)강

발칸반도

에게해

지중해

볼가강

우랄산맥

카스피해

아랄해

시르다리야강

중앙아시아 지도

① 사라이
② 보타이 유적(카자흐스탄 아크몰라주)
③ 파지리크 고분(러시아 알타이변경주)
④ 술타니야
⑤ 니샤푸르
⑥ 우르겐치
⑦ 히바
⑧ 메르브
⑨ 부하라
⑩ 사마르칸트
⑪ 바미안석굴(아프가니스탄 바미안주)
⑫ 이식 쿠르간(카자흐스탄 알마티주)
⑬ 소륵(신장위구르자치구 수러현)
⑭ 구자(신장위구르자치구 쿠차현)
⑮ 언기(신장위구르자치구 옌치후이족자치현)

트란스옥시아나

아무다리야강

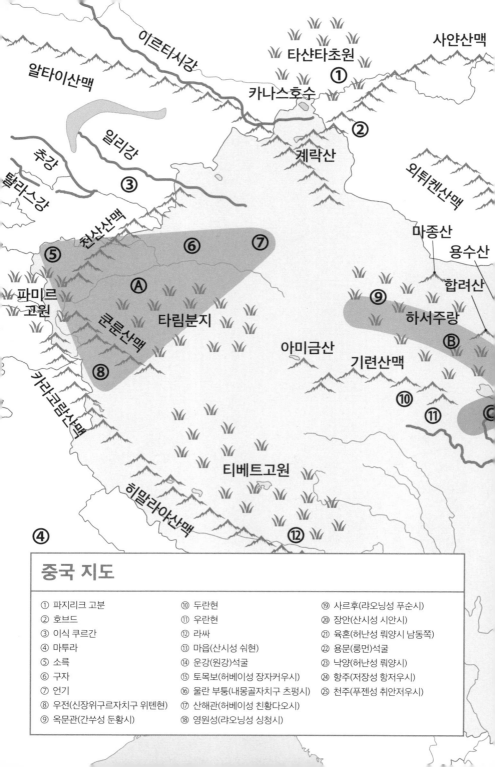

이르티시강
알타이산맥
타샨타초원 ①
사얀산맥
카나스호수
②
계락산
외튀켄산맥
일리강 ③
추강
탈라스강
천산산맥
⑤
⑥
⑦
마종산
용수산
합려산
파미르고원
Ⓐ
타림분지
⑨
하서주랑
쿤룬산맥
아미금산
Ⓑ
⑧
기련산맥
⑩
카라코람산맥
⑪
Ⓒ
티베트고원
④
히말라야산맥
⑫

중국 지도

① 파지리크 고분	⑩ 두란현	⑲ 사르후(랴오닝성 푸순시)
② 호브드	⑪ 우란현	⑳ 장안(산시성 시안시)
③ 이식 쿠르간	⑫ 라싸	㉑ 육혼(허난성 뤄양시 남동쪽)
④ 마투라	⑬ 마읍(산시성 쉬현)	㉒ 용문(룽먼)석굴
⑤ 소륵	⑭ 운강(원강)석굴	㉓ 낙양(허난성 뤄양시)
⑥ 구자	⑮ 토목보(허베이성 장자커우시)	㉔ 항주(저장성 항저우시)
⑦ 언기	⑯ 울란 부퉁(내몽골자치구 츠펑시)	㉕ 천주(푸젠성 취안저우시)
⑧ 우전(신장위구르자치구 위톈현)	⑰ 산해관(허베이성 친황다오시)	
⑨ 옥문관(간쑤성 둔황시)	⑱ 영원성(랴오닝성 싱청시)	

유토피아, 우리가 만들 어떤 것

글을 쓰고 책이 나오기까지 2년이 걸렸다. 그간 세상은 또 이렇게나 바뀌었다. 수많은 생명이 바이러스의 희생양이 되었지만, 인류 또한 잠자코 있지는 않았다. 슬픔 속에 섞여 있는 희망이 언뜻언뜻 드러난 다. 그러나 많은 사람이 분리하고, 감시하며, 차별하는 기술과 체제 에 익숙해져 가는 것 또한 점점 명백해 보인다.《유토피아》의 출간과 '유토피아' 개념의 주창은 공상空想이 아니라 자원의 독점(인클로저 enclosure)과 인간의 노예화를 향한 실존적 저항이었다. 디스토피아는 유토피아를 꿈꾸지 않을 때 시작된다.

겨우 한 세기 전 인간은 계몽과 지식으로 해방되리라고 믿었다.

계몽된 인간이 민주적 절차를 따라, 발전하는 과학의 도움을 받아 전 지구적 문제를 하나씩 해결할 것으로 생각했다. 그러나 같은 종의 머리 위로 핵폭탄을 떨어뜨리는 순간 계몽의 환상은 산산이 조각났다. 19~20세기의 역사만 슬쩍 보아도 인간은 언제나 극단을 지지했다. 제국주의와 파시즘에 맞서 함께 싸우던 동지들은 각각 물신物神과 이념신을 모시는 두 진영으로 쪼개지고, 이제는 계몽시대 이전에 존재했던 신의 품으로 돌아가 각자의 종교를 위해 싸우겠다고 한다. 우리들의 '오래된 미래'가 고작 반지성反知性이었다니!

　누구는 스스로 감시와 굴종을 몸에 익히고 벽 뒤에 숨은 채 안전하다고 말하지만, 세상의 가장 큰 폭력은 언제나 벽 안에서 벌어진다. 오늘날은 집 안에서, 직장 안에서, 국가 안에서, 또는 제국 안에서 똑같은 일이 반복된다. 성채 안에서 모든 혁신이 일어난다는 말은 거짓이다. 벽 뒤에서 인간은 다른 세상을 상상할 수 없다. 성채 사이의 거대한 공간을 연결할 때, 바로 그 연결에서 혁신이 일어난다. 정주가 문명을 만들었다는 말은 거짓이다. 첨단 문명은 말-인간에게서 시작된 것이다. 오늘날의 기관-인간, 인터넷-인간은 모두 말-인간의 후손이다.

　앞으로 나는 몸소 경험한 유목문명과 정주문명의 돌출부를 차례로 소개하며 여러분에게 긴 이야기를 들려줄 것이다. 하지만 어딘가 유토피아가 있다고는 거짓말하지 않겠다. 그것은 우리가 만들어 나갈 어떤 것이다. 우리는 찾아 떠나고, 무리 지으며, 또 다른 무언가가 되어야 한다. 우리는 벽을 넘어 짐승이 되고, 식물이 되며, 심지어 물과 공기가 되어야 한다. 무수한 변신의 과정에서 우리는 새로운 종이 될 것이다.

파미르Pamir고원 사르모굴 마을의 사람들이 내게 말 한 마리를 선물했다. 정수리부터 입술까지 새하얗고 몸은 짙은 갈색인 커다란 네 살배기 수컷. 녀석에서 아즈다르Azhdar(용龍)라는 이름을 지어주었다. 정말 용처럼 솟구쳐 언덕을 오르고 물길을 헤치며 달리는 녀석. 밤이면 어떤 수를 써서라도 고삐를 끊고 들판으로 달아나지만, 아침이면 처연히 서서 굴레를 받아들이는 놈의 심사를 아직도 알 길이 없다. 어떤 태초의 약속을 지키는 것일까. '나는 네 다리가 되어주마. 너는 내 눈이 되어라.' 언제나 너는 나를 태우지만, 언제서야 나는 네 길을 비출까. 언젠가 눈이 넷인 말-인간, 다리 여섯인 인간-말들이 도시의 울타리를 부수고 달려오는 꿈을 꾼다. 아즈다르, 약속하마. 그때 내가 너와 함께 할 것을.

얼마 전 키르기스스탄에서 두 번째 상수도 공사를 무사히 마치고 돌아왔다. 드넓은 초원에서 먼지바람을 맞다가 입국하자마자 작은 방에 격리되니 어안이 벙벙하다. 책을 쓰면서 많은 사람에게 빚을 졌다. 상수도 공사에 힘을 보태준 친구들, 공사 자금을 지원해준 경기도, 기타 어려운 일을 함께해준 모든 이에게 감사드린다.

새로 쓴 부분도 있지만, 이 책은 두 해 전에 〈공원국의 세계의 절반, 유목문명사〉라는 제목으로 《경향신문》에 연재한 것을 근간으로 했다. 글을 실어준 신문사와 알맞게 다듬어준 담당 기자에게 고마운 마음뿐이다. 다만 이 단행본의 결은 연재한 글과 확연히 다르다. 오로지 위즈덤하우스 편집부의 노고 덕이다.

답사를 함께한 백현종, 윤성제 두 분의 후의는 앞으로 천천히 갚겠다. 마지막으로 평생의 반려자이자 마음속에 서린 용龍인 아내 왕환에게 미안함과 고마움을 전한다.

2021년 8월
공원국

제국의 기획, 그 너머를 꿈꾸다

근대 제국들의 정신적 지향점을 확인하려면 박물관에 가야 한다. 그들의 박물관 앞에서 전 세계의 시공간은 가련하게 오그라든다. 인류의 태동기부터 오늘날까지, 대서양부터 태평양까지 기나긴 인류 여정의 이정표가 될 만한 물건들이 그 거대한 건물 안에 다 들어 있다. 그것들이 훔친 것인지, 빼앗은 것인지 물을 여유도 없이 관객은 제국의 기획으로 들어간다. 파라오Pharaoh와 알렉산드로스Alexandros, 페르시아Persia와 로마Roma의 영광이 미로같이 꾸며진 전시실을 따라 차례로 재현된다. 과거 제국들의 영광을 오늘날 자신의 땅에서 재현하는 것이 근대 제국들의 임무였음을 박물관은 숨기지 않는다. 하긴 박물관 자체가 그레코로만Greco-Roman양식의 웅장한 석주로 둘러쳐져 있지 않은가.

이슈타르Ishtar의 문을 지나고 아슈르바니팔Ashurbanipal의 궁전을 지키는 날개 달린 반인반수 사이를 지나며 누군들 고대 제국들의 위대함을 상상하지 않을 수 있겠는가.* 동시에 고대 제국들의 정수를 한곳에 모아놓은 근대 제국들의 힘에 전율하지 않을 수 있을까. 인류 역사는 결국 근대 제국에서 완성되는가. 근대 제국의 직접적인 피해자는 물론, 그것이 낳은 살인 무기와 체계의 위협에 떨고 있는 모든 이에게 가해자와 압제자의 목소리를 강제로 들려주는 것은 온당하지 않다. 어쩌면 근대 제국에서 인류 역사가 끝날지 모르니까.

'위대한 환상'이라는 환상

현대사회의 초연결성과 경제적 상호의존성이 영토 정복을 무의미하게 해 영원히 전쟁을 끝낼 것이라는 '위대한 환상The Great Illusion'은 실현되지 못했다. 노먼 에인절Sir Norman Angell이 동명의 책으로 이상을 펼친 지 겨우 10년 만에 제1차 세계대전이 일어나 환상을 철저히 짓

---

* 이슈타르는 바빌로니아(Babylonia)인들이 믿은 미와 사랑, 전쟁의 여신이다. 아슈르바니팔은 고대 아시리아(Assyria)의 마지막 왕으로서 대제국을 건설했다.

밟았다. 무려 1,000만여 명의 사망자와 그 두 배의 부상자를 남긴 이 비극은 오스만튀르크Osman Türk(오스만제국)와 합스부르크Habsburg가家를 해체하고, 러시아에서 차르tsar'를 끌어내렸다. 전후 힘의 공백을 메울 전망조차 부재해 화약은 다시 가득 고였고, 파시즘과 공산주의 등 인간의 생존 조건을 총체적으로 이해하지 못한 거대 이데올로기들이 세계를 휩쓸었다. 그렇게 다시 한번 수천만 명의 목숨을 앗아간 제2차 세계대전이 시작되었다.

이쯤 되면 우리에게 미증유의 생산력의 또 다른 얼굴인 미증유의 파괴력을 통제할 능력이 있는지 의문을 제기할 수밖에 없다. 문명은 어느 순간 길을 잘못 든 것일까. 그 뿌리가 너무나 깊어서 돌이킬 수 없는 수준까지 온 것 아닐까. 로마가 또 하나의 제국인 카르타고Carthago를 기어이 멸망시키려 한 것은 잠재적 위협을 뿌리 뽑기 위해서였다.

'잠재적 위협'이라는 말은 활용 범위가 너무 넓기에, 적수를 제거할 힘만 있다면 무한대의 살육도 정당화하는 좋은 구실이었다. 도시 건축부터 언어와 법률까지, 오늘날 서구 세계의 표본을 제시했다는 로마의 업적은 지대하다. 그러나 제국에 배신당하고 살육당한 동시대인의 목록도 마찬가지로 끝이 없다. 로마의 정복 활동으로 헬레니즘Hellenism세계의 인구가 격감했다. 그들은 이방인과 거짓 조약을 맺고는 한 해 만에 뒤집는 짓을 예사로 벌였다. 비리아투스Viriatus나 스파르타쿠스Spartacus는 이름이라도 남겼지만, 반란 중에 아무런 흔적도 남기지 못하고 죽은 제국의 노예들은 역사책에 그저 '몇 명'이라는 숫자로만 기록되어 있다.*

인간을 파괴하고 묶는 문명의 속성은 동서양을 가리지 않는다. 인도의 고대 경전 《바가바드기타*Bhagavadgītā*》**를 보면, 아르주나가 동족 상잔의 비극을 이기지 못하고 무기를 던지려 하자, 크리슈나가 단호하게 말한다. "나가서 죽여라. 그것이 전사의 의무다." 중국은 역사적으로 노예가 거의 없었다고 자랑하지만, 전국시대의 상잔 속에서 토지에 인민을 완전히 예속시키는 법률을 관철한 바 있다. 이후 잠재적 위협을 다스리기 위한 감옥은 차고 비기를 반복했고, 오늘날 중국의 극서 지방 신장新疆에서는 위구르Uighur 수십만 명이 소위 노동 교화소를 채우고 있다. 그러니 자유를 문명의 한 척도로 간주한다면 중국의 현주소는 초라하다. 태평양 건너 미국의 사정도 별반 다르지 않아 보인다. 9·11 사태로 번진 화염이 재를 흩뿌리는 동안 나날이 커진 양극화는 도널드 트럼프Donald Trump라는 희대의 모리배를 세계 최강 제국의 수장 자리에 앉히는 희극을 연출했다. 냉전 이후 벌어진 전쟁들의 부도덕함은 로마의 그것에 절대 뒤지지 않는다.

국가를 넘어 인간 사회 전체로 눈을 돌려보자. 화폐로 모든 것을 사야 하는 자본주의 사회에서, 우리는 직업이라는 외줄을 붙잡기 위

---

* 비리아투스는 지금의 포르투갈 일대에 거주한 루시타니아(Lusitania)인들의 지도자로 로마의 침략에 맞서 싸웠다. 스파르타쿠스는 노예 검투사로 역시 로마에 맞서 반란을 일으켰다.

** 힌두교의 고대 경전으로 '거룩한 자의 노래'라는 뜻이다. 왕위 쟁탈전의 한가운데 놓인 왕자 아르주나(Arjuna)에게 그의 마차를 모는 마부 크리슈나(Krishna)가 전하는 이런저런 조언과 충고로 구성되어 있다.

해, 또 매달려 있기 위해 끊임없이 경쟁한다. 그 과정에서 경제적으로 한계에 내몰리는 이들이 마냥 늘어나는데, 이러한 흐름을 되돌릴 지적 능력과 의지가 과연 우리에게 있는가. 인간을 넘어 동식물계, 또는 자연계로 시야를 확장하면 인간이라는 종은 차라리 탄생하지 말았어야 한다. 지금까지는 조금씩 살해당했지만, 앞으로 온난화가 가속화되면 무수한 종이 떼로 죽임당할 것이다. 우리에게 과연 이러한 흐름을 돌릴 의지와 능력이 있는가. 혹여 너무 늦지는 않았을까.

문명의 두 얼굴, 정주와 유목

다시 박물관으로 돌아가자. 물질문명은 인간을 살리고 살찌우는 동시에 죽이고 살을 바르는 두 얼굴을 가지기에, 유물도 두 목소리를 들려준다. 제국의 박물관 구석에 놓인, 젖을 먹이는 어머니를 묘사한 아프리카 말리Mali의 주요 민족 도곤Dogon의 청동상과 여신을 묘사한 석기시대의 조야한 진흙 작품 두어 개만 보아도 제국의 환상이 깨진다. 파괴적 속성의 뿌리가 깊다지만, 풍요와 균형에 대한 갈구는 그보다 훨씬 깊다. 구석기시대의 어느 조각가는 격렬하게 뿔을 부딪치는 숫염소들 바로 위에 젖이 한껏 부푼 암염소를 새기는 것을 잊지 않았다. 어느 순간부터 내가 풍요롭기 위해 너를 파괴해도 좋다는 논리가 퍼져나가면서 문명의 파괴적인 면이 더 강해진 듯하다.

구석기시대 어느 예술가가 암각에 새긴 양들은 독특한 균형미를 자랑한다. 새끼를 밴 암염소(위)와 싸우고 있는 숫염소들(아래)이 대조를 이룬다. 국립고고학박물관(프랑스).

나는 이러한 문제의식에서 출발해 직접 발로 걷고 눈으로 보는 유목문명 기행을 떠나려 한다. 출발점이 근대 제국의 박물관인 이유는, 그곳의 보물 더미 위에 문명의 파괴적인 면에 죽임당한 시체가 든 관이 있기 때문이다. 이제 태곳적부터 차곡차곡 쌓인 문명의 보물 더미를 기어 올라가 관 뚜껑에 못을 박으려 한다. 물론 돌을 쪼개고 갈아야 그릇이 되는 것처럼, 창조는 일정량의 파괴를 동반한다. 그렇다면 무결한 창조를 바라는 대신 창조를 위해 허용할 수 있는 파괴의 정도를 고민해야 한다. 근대 제국의 부속물인 과학의 힘으로 이룩한 생산력이나, 초연결사회의 장점 등 모든 유산을 버릴 수는 없다. 고대에 황금시대가 있었을 것이라는 인류학적 퇴행주의에 몸을 맡길 수도 없다. 자궁이 아무리 안온해도 엄마 몸을 벗어난 아기는 다시 그 안으로 들어갈 수 없다.

그러므로 원시사회에 환상을 품지는 않겠지만, 기록으로만 남은 그 가치를 포기하지도 않을 것이다. 연장선에서 정주사회의 대척점에 있는 유목사회와 그 체제를 집중적으로 살피려 한다. 이때도 물론 유목사회를 이상화하지 않을 테다. 앞선 연구로 유목사회의 '대외적' 기생성과 가공할 폭력성은 이미 상당히 밝혀졌다. 유목사회는 정주사회의 수많은 관념을 차용했고, 그러한 특성을 가진 문명을 만들었다. 몽골Mongol의 경우처럼, 어떤 유목집단은 유목사회와 정주사회를 아우르는 거대 제국을 세웠다. 그 과정에서 일어난 살육과 폭력, 특정 집단에게 가한 차별 또한 잘 알려졌다. 그렇지만 '자유'라는 척도로 보면 그들이 이룬 성과는 거대하다. 그들은 노예가 극히 드물고

구성원 개개인을 중시하는 문화와 가치를 정주문명에 심었다.

요약하자면 우리는 과거에서 모든 지혜를 거둬들여 인간이라는 종의 실존에 근거한 조심스러운 전망을 만들어야 한다. 이오시프 스탈린Iosif Stalin이라는 개인과 그 측근들이 불과 몇 년 만에 비옥한 흑토 지대에 사는 우크라이나 농민 1,500만여 명을 죽인 일처럼, 인간의 실존을 무시하면 아무리 그럴듯한 전망도 살육만 일으킬 뿐이다. 결국 문명의 미래를 밝힐 전망은 변증법적 과정을 거쳐 만들어질 수밖에 없다. 이때 조상의 유산을 우리의 삶을 위한 수단으로 격하해서는 안 된다. 그들은 자신들의 시대를 살아냈고, 설사 아무것도 남기지 못하고 사라진 이들조차 나름의 존재 이유가 있다. 그래서 이 기행은 현재라는 프리즘 안으로 미미하게 줄어든 과거를 불러오는 기획이기도 하다.

유목문명이 보여준
'작은 환상'의 가능성

그렇다면 어떤 기준으로 문명을 해석하고 판단할 것인가. 첫 번째 기준은 인간과 동식물의 자유다. 문명의 궁극적 목표는 이 자유의 질과 양을 최대한도로 끌어올려 그것이 스스로 자라도록 하는 것이다. 자유의 정반대에 노예가 있다. 두 번째 기준은 공적인 재산을 향한 존중이다. 공적인 재산을 합의 없이 파괴하는 것을 독재라고 부른다.

여기에는 경제적인 것과 문화적인 것이 다 들어 있다. 공적인 재산을 가장 높은 차원에서 존중하는 것이 바로 공유다. 세 번째는 나와 다른 이에게 베푸는 인정, 또는 환대다. 우리 집단과 생각이나 문화가 다른 사람에게 자의적으로 폭력을 행사할 수 있다면, 작게는 타인의 일상을 해치고 크게는 전쟁이 벌어진다. 따라서 우리는 역사상 존재한 수많은 제국이 끝내 깨달은 포용의 교훈을 상기해야 한다. 지구의 표면은 매끈하지 않고, 자전과 공전을 하기에 모든 인간 삶의 조건은 다르다. 다르다는 것이 폭력의 빌미가 된다면 인류가 미증유의 파괴력을 갖춘 오늘날, 오래지 않아 우리는 자멸할 것이다.

이제 지역적으로는 대서양부터 태평양까지, 시간상으로는 고대부터 근대까지, 주제 면으로는 문명 일반부터 유목문명까지 톺아보며 기나긴 기행을 떠날 것이다. 정주문명의 특성과 한계를 이야기할 것이고, 특정 시대의 성과와 한계를 찬미하고 폄훼할 것이다. 유목문명의 잔인함과 관대함을 동시에 이야기할 것이고, 앞으로의 혁신과 전망을 놓고 나름의 의견을 제시할 것이다. 그 끝에서 이루고자 하는 목표는 '위대한 환상' 대신, 과거 문명의 행적을 바탕으로 실현할 수 있는 '작은 환상'을 만드는 것이다.

첫 이야기는 선사시대의 여신에게서 시작한다. 살리는 측면보다 죽이는 측면이 비대해진 현대문명을 돌아보는 출발점으로, 어머니를 넘어 자연 그 자체인 여신의 몸은 부자연스럽지 않다. 지금 나는 로마와 세계를 연결하는 문명의 상징 아피아 가도Via Appia를 걸으며, 이 길에서 희생된 노예 검투사들의 울부짖음을 듣는다.

차례

1 　유목문명 이전의 여신 신앙

작가나 학자는 본질적으로 지적 떠돌이다. 지난 시절 거인들이 쏜 빛을 따라 길을 찾아야 하므로, 이 세상에 없는 그들을 종종 그리워한다. 어슴푸레해진 해 질 무렵 서구가 구축한 학문 체계의 낯선 바다에 작은 돛단배를 띄운 우리는 파도를 헤치고 나아갈 운명이다. 이처럼 험난한 여정에 멀리 보이는 작은 등대는 얼마나 큰 힘이 되는지. 내게는 마리야 김부타스Marija Gimbutas가 그런 등대다.

　데이비드 W. 앤서니David W. Anthony의 《말, 바퀴, 언어The Horse, the Wheel, and Language》를 번역하면서 김부타스의 《여신문명The Civilization of the Goddess》을 알았고, 이후 그녀에게 빚진 바는 말로 다 할 수 없다. 유럽

부터 중국까지 어떠한 박물관을 가도 첫 번째 방은 신석기시대 유물로 채워져 있다. 나는 특히 토기들을 뒤덮은 문양에 관심이 컸으나 도대체 의미를 이해할 수 없어 늘 답답했는데, 마침 그녀가 나타나 빛을 비춰주었다. 또한 현대인의 좁은 관점으로 '미개한' 고대인을 재단할 때 그녀의 영감 넘치는 글이 균형감을 되찾아 주었다. 그녀는 수만 년 전의 인류는 그다지 미개하지 않았고, 이후의 지적 여정은 장대했다고 전한다. 젠더고고학계에서 그녀가 이룬 업적은 루이스 헨리 모건Lewis Henry Morgan이 《고대사회Ancient Society》로 모계제를 체계화한 것에 버금간다. 이 꼭지와 다음 꼭지는 그녀의 이름으로 썼다고 해도 과언이 아니다.

정주문명의
철저한 여신 살해

김부타스는 선사시대 다뉴브Danube(도나우Donau)강을 중심으로, 전쟁이 없고 평등주의적이던 고古유럽Old Europe이 있었다고 주장한다. 여신 신앙을 중심으로 남녀가 공존하던 그 사회는 석기와 금속기가 교체될 무렵부터 동쪽에서 넘어온 호전적이고 가부장적인 집단에게 밀려 사라졌다. 그녀는 이 흐름을 주도한 집단을 '쿠르간(돌무지무덤) 문화Kurgan culture'로 묶고, 그 주역을 인도-유럽인으로 통칭했다. 실제로 유목문명의 역사는 흑해-카스피Caspie해 북쪽 어느 곳에서 기원했을 것으로 생각되는 인도-유럽인의 여정을 출발점으로 삼을 수밖에 없다. 기록상으로 그들이 가장 먼저 등장하기 때문이다.

김부타스가 주장한 여신문명 이야기를 책의 첫머리에 넣는 것이 옳을까 잠시 고민했다. 그러나 그녀를 언급하지 않는 것이 얼마나 부정직한지 이내 깨달았다. 왜곡보다 더 큰 부정직은 필요에 따라 눈을 감는 것이다. 물론 인도-유럽인의 이동을 통째로 다룬 그녀의 쿠르간 문화 가설은 광대한 시간과 지역을 아우르기에 지나친 도식화의 오류를 피할 수 없다. 하지만 서기전 3500년 무렵부터 동방에서 일군의 거대한 무리가 가축의 힘을 빌려 유럽대륙과 인도 아대륙으로 이동했다는 무시할 수 없는 고고학적·인류학적 증거들이 있다. 세부적으로 오류가 있더라도, 지리를 기준으로 대비되는 문화의 대립은 내가 추구하는 새로운 변증법의 거대한 축이기에 포기할 수 없다. 무엇보다 그녀의 논의는 유목문명 이야기를 더욱 풍성하게 한다. 인간 사회를 구성하는 요소들은 유기적이어서 시간에 따라 변질된다. 특히 시간을 변수로 넣으면, 황금시대에서 철의 시대로 퇴락했다는 한탄이나, 진보라는 발전의 경로를 충실히 밟아왔다는 낙관은 모두 통하지 않는다. 그런 단선적인 법칙을 이야기하기에 우리의 지식은 너무나 부족하다.

유목문명을 이야기할 때는 반대편의 정주문명도 이야기해야 한다. 그 정주문명 안에 다시 여성과 남성이 있다. 유목문명의 등장 이전, 정주문명의 여신 살해는 철저했으며, 유목문명이 등장할 즈음 이 과정은 거의 완료되었음을 기억해야 한다. 세계사의 곳곳에서 '제우스Zeus들'의 무차별적 강간과 그렇게 태어난 아들들의 여신 살해는 유목민이 본격적으로 등장하기 전에 벌어진 일이다. 나는 적으로든 친구로든, 여신과 유목문명이 다시 만나야 한다고 생각한다. 신화나 유물이나 기록을 보는 눈은 모두 다를 수 있다. 다만 알아야 할 것을 의도적으로 숨기는 함정만 피한다면 모두에게 수렴하는 바가 있을 것이다.

세계 곳곳에서 발견되는
여신 이미지

김부타스 이전에도 연구자들은 문자 이전의 인류를 지배하는 신들이 모두 여성임을 짐작하고 있었다. 동쪽으로 바이칼Baikal호부터 서쪽으로 대서양까지 구석기시대 사람들은 헤아릴 수 없을 정도로 많은 여신 이미지를 남겼다. 불룩한 배와 커다란 엉덩이를 가진 풍만한 모습이든, 밋밋한 가슴에 음부만 덩그러니 강조된 서늘한 모습이든 신의 성별은 분명 여성이었다. 그 세계에서 남성은 그저 보조적인 역할로만 등장한다. 생성 이후의 삶은 온전히 자연에 맡겨야 했던 그들에게 생성 자체가 신이었던 것은 당연하다.

　여신을 상징하는 언어 또한 전 세계를 통틀어 보편적인 형태를 띤다. 특히 토기를 만들기 시작한 후, 여신의 성소聖所에서 발견된 문양은 동에서 서로 지구 한 바퀴를 돌며 살펴보아도 큰 변화가 없다. 김부타스는 여신의 주위를 둘러싼 신비한 문양들을 일종의 상징 언어로 읽었고, 수만 점에 달하는 유물을 분석해 이를 증명했다. 그녀의 기본적인 도상 해석을 요약하면 이렇다.

- 여신의 음부는 자연적인 외양을 따라 삼각형으로 도식화한다.
- 여신의 생명력을 상징하는 것은 물이며, 자궁과 유방에 집중된 그물망 형태로 도식화한다. 자궁 주위의 물은 양수이고, 유방 주위의 물은 젖이다. 동시에 여신의 몸 전체는 생명의 물, 즉 피로 차 있다. 그래서 채색할 때는 붉은색을 쓴다.
- 소용돌이는 물의 에너지를 상징하므로 세상을 창조하는 여신의 힘을 나타낸다. 소용돌이는 사실 상징이라기보다는 에너지 자체라고 하는 것이 옳다. 소용돌이는 수많은 나선(또는 원)을 그리며 만들어지고, 만들어진 곳으로 숨어들기에 처음이 끝의 연속이라는, 즉 영원의 순환과 맞물려 있다.
- 여신을 상징하는 동물로 가장 대표적인 것은 새와 뱀이다. 황소 또한 나팔관과 자궁을 포함한 여성의 생식기를 나타내는 주요한 상징이다.

이제 김부타스의 도상 해석을 토대로 구체적인 시간과 공간을 정해 고대인의 정신세계로 여행을 떠나보자. 장소는 5,000년 전으로 동방과 서방의 문명이 교차하던 그리스 에게Aegean 해의 키클라데스Cyclades 제도다. 지금 우리는 상상을 듬뿍 가미해 허구적인 신화 하나를 만드는 놀이를 할 뿐이지만, 이것으로 문명사를 읽는 자그마한 열쇠 하나를 건질 것이다.

물부터 태양까지, 자연과 하나 된 여신

약간의 모험을 감행해, 김부타스가 크게 강조하지 않은 '태양'에 좀 더 의미를 부여해 보자. 그녀는 《여신의 언어 *The Language of The Goddess*》에서 태양을 뱉어내는 여신 설화를 소개하며 그것을 재생의 상징으로 언급한다. 그러나 만물을 기르는 태양의 역할은 훨씬 커야 하지 않을까. 실제로 세계 곳곳에서 태양이 사라진 후 벌어지는 아비규환을 다룬 신화를 확인할 수 있다. 태양이 탄생한 후 최초로 꽃이 피고 열매가 열렸을 테니, 그것을 창조의 동반자로 추정하는 것은 과하지 않다. 또한 태양은 낮 동안 끝없이 푸른 물(하늘) 가운데를 움직인다. 물속에서도 꺼지지 않는 불, 그것은 불의 형상을 띤 물이다. 식물은 물을 먹고 자라지만 결국 불(연료)로 바뀌지 않는가. 그렇다면 태양은 물을 불로 바꾸는 존재, 즉 물의 연금술사다.

먼저 기록으로 남은 가장 오래된 여신의 이름을 불러본다. 수메르 Sumer의 기록에 나오는 남무 Nammu로 그녀는 이름 자체가 '바다'를 뜻한다. 최초의 여신에게서 모든 신과 세상이 나왔다. 그녀는 아버지와 어머니 없이 원래 존재하는 이기에 잡다한 신들의 계보에 얽히지 않는 제1원리, 시작과 끝이 없는 존재 그 자체다.

이제 키클라데스제도에서 발굴된 프라이팬들을 살펴보자. 먼저 〈사진 1〉을 보면, 사방에 물고기가 있는 것으로 보아 소용돌이는 분명 물을 뜻한다. 그 중심에 태양, 또는 알을 닮은 원이 있다. 물이 무언가를 낳을 준비를 하고 있는 것이다. 〈사진 2〉를 보면, 사방의 물이 더 복잡한 형태로 연결되어 있다. 그 물은 수많은 노가 달린 배를 품고 있으므로 의심할 바 없이 대양이다. 또한 물이 만드는 그물망은 여신의 대표 문양인 삼각형을 띤다. 그리고 손잡이 부분에 뚜렷하게 새겨진 음문陰門을 보라. 거대한 물 안에 무엇이 있어서 음문으로 나오려 하는 것일까.

〈사진 3〉을 보자. 점으로 표현한 물 안에 거대한 알이 있고, 그 알을 꽃잎, 또는 태양의 불꽃을 상징하는 듯한 삼각형들이 둘러싸고 있다. 혹시 음문을 막 나서려는 순간이 아닐까. 〈사진 4〉를 보면, 중심에 큰 알도 있고, 산도를 통과할 준비를 하는 작은 알도 있다. 이 알은 곧 산도를 벗어날 것이다. 〈사진 5〉에서 보이는 똑같은 크기의 소용돌이 열두 개는 열두 달을 뜻할까. 정중앙의 작은 원을 품고 있는 큰 원은 달을 품은 해를 뜻할까. 해는 열두 개의 달을 품음으로써 순환을 완성하고, 달과 짝함으로써 하루를 완성한다. 달의 움직임(월경)을 따라 여신의 몸은 생명의 주기를 갱신하고, 해의 움직임을 따라 하나의 대순환(사계)을 완성한다.

정확하지는 않더라도 이 몇몇 도상으로 5,000년 전 키클라데스제도 사람들의 세계관이 대략 밝혀졌다. 해와 달을 포함한 세상 전체와 시간은 생명의 근원인 여신의 몸, 즉 거대한 물에서 태어나 순환한다. 따라서 프라이팬들에 새겨진 도상은 태초의 물인 여신의 자궁을 상징한다. 입체적인 형태의 토기들도 살펴보라(〈사진 6〉, 〈사진 7〉). 토기 자체가 여신의 몸이자 자궁으로 사방에 에너지(소용돌이, 또는

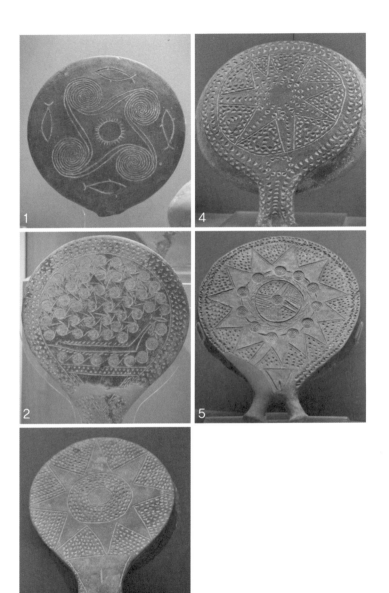

키클라데스제도에서 발굴된 프라이팬들과 토기들.
아테네국립고고학박물관(그리스).

빛)를 발산하고 있다. 이 자그마한 토기 안에 무엇이 담기고, 또 거기에서 무엇이 태어나는가. 여신 몸의 일부이자 그 모양에 따라 형태를 띠는 물, 채워지고 비워지며 끝없이 재탄생하는 생명 자체다.

물론 이것은 상상력을 가미한 임의적 해석이다. 예컨대 〈사진 5〉의 커다란 원은 태양이 아니라 그저 꽃일 수 있다. 그러나 꽃은 태양을 닮았고, 태양의 힘으로 열매를 맺으니 식물의 자궁이라 할 만하다. 따라서 꽃이든 태양이든 여신의 자궁에서 태어나는 것은 같고, 그 생명은 분명 거대하고 강력한 물에서 나온다.

물의 힘으로 탄생한 생명은 강력한 동물들과 연결된다. 대표적인 것이 뱀과 올빼미다. 대부분의 동물은 쓰러져 뼈가 드러나고 흙으로 변하면 돌아오지 못한다. 그러나 뱀은 허물을 벗어 새로 태어나고, 죽음의 시간(겨울)이 오면 스스로 땅으로 들어갔다가, 세상이 깨어날 때 다시 밖으로 나온다. 따라서 재생과 삶을 상징한다. 동시에 뱀은 사람을 죽이는 치명적인 독을 가지고 있기에 피할 수 없는 죽음도 상징한다. 이러한 이유로 세계의 여러 지역에서 발견되는 자기 꼬리를 물고 있는 뱀 문양은 죽음과 삶의 연결을 뜻한다. 그래서 삶과 죽음의 순환을 관장하는 여신은 몸에 뱀을 두르고 있다. 크레타Creta 섬에서 발굴된 여신상들을 보라(〈사진 8〉, 〈사진 9〉). 얼마나 결기에 차 있는가. 이 여신들은 죽음을 사방으로 퍼뜨린다. 그러나 죽음은 분명 끝이 아닐 것이다. 또한 그녀들의 얼굴은 올빼미를 닮았다. 올빼미의 몸 무늬는 물결처럼 보이고, 그 안에 커다란 태양, 또는 생명의 알을 닮은 눈이 있다. 게다가 올빼미는 어둠이 깃들어야 모습을 드러낸다.

크레타섬의 크노소스(Cnossos)궁전 예배실에서 발견된 여신상들. 뱀을 쥐고 있거나 두르고 있다. 이라클리온고고학박물관(그리스).

어둠에 구애받지 않는 밝은 눈을 가지고, 짝짓기와 잠으로 생명력을 재생하는 시간을 관장한다. 이렇듯 뱀과 올빼미라는 상징으로 여신은 물과 땅과 하늘과 시간을 망라한다. 여신은 자연 자체라고 하는 것이 옳겠다.

삼라만상을 끌어안는
탄생과 창조의 힘

힘과 남성을 연결하는 것은 2차원적이다. 고대인은 그러한 2차원적 사고로 삶을 이해하거나 그 온전함을 표현하지 않았다. 모든 힘은 생성과 관련되고, 생성은 여성의 영역이다.

〈사진 10〉의 황소 두상을 보라. 정수리에 소용돌이가 새겨져 있다. 여신의 자궁은 황소의 머리처럼 난관을 돌파하는 힘을 가진다. 소용돌이와 함께 새겨진 수많은 음문은 여신이 수많은 생명을 동시에 낳고 기를 힘이 있음을 표현한다. 그 힘은 물의 힘인 동시에 태양의 힘이다. 〈사진 11〉의 황소 두상을 보면 정수리에 빛나는 꽃이 꽂혀 있다. 물의 힘을 나타내는 소용돌이는 태양으로, 또는 태양의 힘을 상징하는 꽃으로 바뀔 수 있다. 혹자는 황소는 제우스의 동물이요 남성의 힘을 상징하는 동물임이 분명한데, 여성의 생식기를 어찌하여 들먹이는지 반문하겠지만, 그렇다면 〈사진 12〉의 황소 두상을 보라. 황소의 정수리에 적나라할 정도로 커다란 여신의 음부가 새겨져 있다.

키클라데스제도에서 발굴된 황소 두상들.
아테네국립고고학박물관.

그러니 황소 두상은 2차원적 완력이 아니라 정교한 탄생과 창조의 힘을 상징한다. 황소의 머리, 즉 여신의 자궁을 감싸는 물의 삼각형 안에 생성의 힘이 들어 있다. 뱀이자 올빼미인 여신이 황소를 타고 있다. 이처럼 여성의 힘은 인간을 넘어 동물과 연결된다. 여기에 이르면 지상에서 가장 강력하고 빠른 동물과 결합한 현실의 '마녀들' 아마존Amazon이 떠오르지 않는가.

이렇듯 여신의 세계상은 삼라만상의 연결 고리를 섬세하게 끌어안기에, 과학적이지는 않지만 전체적이고 직관적이며 심원하다. 파르테논Parthenon신전을 걸으며, 태곳적에 제우스를 낳았겠지만, 거꾸로 그의 머리에서 태어난 '처녀' 아테네Athéné를 떠올린다. 그리스인들은 여신을 죽일 수 없었다. 태초부터 여신은 언제나 황소의 정수리에서 스스로 태어났다. 제우스가 바로 황소 아닌가. 지중해에 떠다니는 쓰레기 하나에도 여신의 자궁을 더럽힌 죄책감을 느끼는 것은 지나친 신경증일까.

2 초원으로 간 여신

다뉴브강처럼 큰 강은 꽤 있겠지만, 그처럼 신비로운 강은 드물 것이다. 맑은 날, 흐린 날을 가리지 않고 항상 물안개가 내려앉는 겨울, 강은 관목 숲 멀찍이 숨고 출렁이는 물결 소리만 잔잔하다. 이럴 때면 안개 사이로 커다란 꼬리지느러미를 흔들며 강의 여신이 솟구쳐 오를 듯한 착각에 빠진다.

루마니아 드로베타투르누세베린Drobeta-Turnu-Severin에서 다뉴브강을 따라 걸으니, 안개 속에서 어부들이 그물질하고 있었다. 그 끝에서 다뉴브강으로 이어지는 거대한 수로인 철문鐵門을 만났다. 옛날에는 협곡이었으나 댐이 건설되며 수몰된 곳이다. 물결은 잔잔했으나 얼마나 깊은지 물빛이 푸르다 못해 검었다. 다뉴브강에서 여신들이 처음 태어났는지는 불분명하지만, 분명 이 강의 자양분을 먹고 자랐을 것이다.

다뉴브강의 양안으로 눈길을 돌리면 아주 오래전에 우리가 여신의 눈 밖에 났음을 깨닫게 된다. 남안의 불가리아 땅부터 북안의 루마니아 땅까지, 로마 때부터 근세까지 지칠 줄 모르고 높이와 두께를 더해간 요새들이 줄을 잇고 있다. 투석기에서 대포로 무기의 종류가 바뀌는 동안, 강을 기준으로 남북을 가르고 동서를 장악하려던 시도는 끊이지 않았다. 아마 유럽에서 견고한 요새를 가장 많이 거느린 강일 것이다.

"고유럽에 전쟁은 없었다"라는 김부타스의 단언은 비현실적이지만, 이곳에 살았던 사람들이 야금술을 알고 난 후에도 치명적인 무기를 별로 만들지 않고, 커다란 마을조차 방어용 구조물을 설치하지 않은 점은 고고학적으로 증명되었다. 언젠가 다뉴브강의 고유럽 유적에서도 치명적인 무기나 요새가 발견될지 모르지만, "(그때가) 예술이 만개한 시기였다"라는 그녀의 지적만은 바뀌지 않을 것이다.

국가 이전에
대충돌은 없었다

불가리아에서 발굴된 토기는 신석기시대 미술의 절정을 보여준다.

여신의 엉덩이와 음부에 상징적으로 묘사된 에너지의 소용돌이뿐 아니라, 거주지를 표상하는 듯한 몸통의 미로 문양, 등줄기에 굽이치며 흐르는 세 물줄기, 임신선을 표현하는 듯한 허리의 세 선이 모두 소용돌이를 닮았다. 시작과 끝이 끊어지지 않고 이어지는 소용돌이의 에너지를 거주지로 옮겨오고 싶었던 것일까. 세 물줄기는 무수한 물줄기의 상징이며 강과 양수와 피의 상징이다. 허리의 세 선에서 드러난, 오랫동안 생명을 만든 여신의 노고에 경외감이 든다. 토기에 담긴 여신에게 바치는 물, 또는 어떤 액체가 마르지 않는 한 여신은 영원토록 물을 움직이는 생명으로 남을 것이다.

여신은 얼마나 오랫동안 생명의 탄생과 흥망을 관장했을까. 저 토기가 박물관을 나서 어느 대도시의 갤러리에 전시된다고 생각해 보자. 신석기시대 '미개인'의 작품이라고 알아차리는 사람보다는 전 세계적으로 유명한 어느 전위 예술가의 작품이라고 생각하는 사람이 훨씬 많을 것이다. 어떤 수집가는 거금을 주고 토기를 사려 할지 모른다. 판매될 수 없는 생명에 가격을 매기고, 더 좋은 값을 쳐주는 이가 갖게 될 테다. 오늘날 생명의 척도는 화폐니까.

이 유물들이 표상하는 세계관이, 서기전 4000년부터 동방에서 이주하기 시작한 문화적 야만인, 즉 가부장적이고 호전적이며, 치명적인 청동 무기와 말머리 모양의 석제 전곤戰棍을 휘두르는 인도-유럽인 때문에 완전히 단절되었다고 한다면, 평화를 사랑하는 사람은 누구나 고개를 가로저을 것이다.

김부타스는 침입자들이 '유목민'이었다고 하고, 유목생활을 가능

여신의 압도적인 생명력을 표현한 신석기시대 토기. 국립역사박물관
(불가리아).

하게 한 요소로 말을 지목한다. 비록 그녀는 침입이 물리적 침략보다는 점진적인 문화 침투의 성격을 띠었다고 부연하지만, 동방의 유목 세계와 고유럽의 정주(농경)세계 간 대립이 뚜렷하게 드러난다. 그녀는 리투아니아 출신으로, 아리아Arya인이 말이 끄는 전차에 올라 세계를 휩쓸었다는 신화를 만들고 인종주의로 세계를 불태운 아돌프 히틀러Adolf Hitler의 만행을 근거리에서 목격했을 테니, 말 탄 인간들에게 염증을 낼 만도 하다. 그러나 나는 '유목'이라는 개념을 '폭력의 대명사'라는 오해에서 건져내고 싶다. 분명 여신문명은 종말을 고하고 말았지만, 충분한 근거 없이 그 책임을 이미 사라진 선사시대의 어떤 집단에게 돌리는 것은 무죄 추정의 원칙에 어긋나는 듯하기 때문이다.

그러기 위해 먼저 김부타스가 지나치게 확대한 쿠르간 문화의 시공간을 좀더 좁혀야겠다. 그녀의 쿠르간 문화 가설은 서기전 5000년 이전부터 서기전 2500년까지의 기나긴 시간과 볼가Volga강부터 드네스트르Dnestr강 너머까지의 광대한 공간을 포괄한다. 그러나 과연 유목이니 농경이니 하는 생산양식이 어떤 인종이나 문화와 결합한 채 2,000년 이상 존속할 수 있을까. 최소한 서기전 3500년 정도에 끝나는 드네프르Dnepr 강가의 스레드니 스토그 문화Sredny Stog culture*는 떼

---

* 얌나야 문화(Yamnaya culture)의 기원이 된 두 문화 중 하나로, 스레드니 스토그 문화는 드네프르강 중상류에, 흐발린스크 문화(Khvalinsk culture)는 볼가강 중상류에 기반을 두었다. 얌나야 문화는 서기전 3500년부터 서기전 2500년까지 다뉴브강 하류와 우랄(Ural)산맥 사이의 광대한 스텝(steppe) 지역에 존재한 인도-유럽인 최초의 청동기 문화다.

어내야 할 것으로 보인다. 스레드니 스토그 문화는 다문화 복합체이자 경제 공동체의 성격을 띠었다. 서기전 4000년 이후에는 말을 길들인 듯하지만, 아직 남아 있는 쓰레기 더미에서 말 뼈가 많이 나오는 것을 보아 주로 식용으로 쓴 듯하다. 가축 중에는 양과 소뿐 아니라, 이동생활을 가로막는 돼지도 있었다. 수렵과 어획, 채집 외에 서부 고유럽의 영향으로 농사도 어느 정도 지은 듯싶다. 무덤양식은 동서의 영향이 뒤섞여 있고, 심지어 최근의 유전자 연구는 그들이 여러 종족의 혼혈이었음을 시사한다. 집단 묘지를 보면 이동성도 그리 크지 않았던 듯하고, 말머리 전곤으로 대표되는 권력의 상징도 보이지 않는다. 인도-유럽어를 썼는지는 확실하지 않지만, 적어도 유목민은 아니었다.

전차와 수레,
싸움과 융화

유목의 시작과 함께 폭력이 발생했다는 것도 증명하기 어렵다. 정말 그렇다면 인도-유럽인의 영향을 전혀 받지 않았는데도, 그보다 훨씬 먼저 군사화된 도시국가들을 세우고 전쟁을 벌인 메소포타미아Mesopotamia문명과 이집트문명의 출동은 논리적으로 어떻게 설명할 것인가. 두 문명은 도시국가 간의 충돌로 정체성을 형성했고, 그 과정에서 고유럽보다 먼저 여신들을 뒷전으로 물렸다. 인도-유럽인의 영향을 받았을 가능성이 거의 없는 키클라데스제도에도 비슷한 시기에 군사 계급이 등장한다. 중국은 서방에서 전차와 청동 기술을 획득하자마자 곧바로 군사화된 국가를 만들었다. 따라서 폭력의 심화와 여신의 쇠퇴는 유목문명의 발생보다 더 큰 세계사적 맥락에서 다뤄야 할 것이다. 바로 폭력적인 위계 체제, 곧 국가의 탄생이다.

소가 끄는 사륜거와 말 잔등을 이용한 진정한 유목생활은 스레드니 스토그 문화보다 동쪽에서, 즉 볼가강 주변 초원에서 서기전 3500년부터 시작된 듯한데, 김부타스의 가설을 따르는 이들(특히 앤서니)은 이때를 인도-유럽인의 대규모 확산 기점으로 본다. 그런데 고고학적으로 서기전 3500년은 완전히 청동기시대로 접어드는 때로, 이미 남방에서 세계사를 뒤흔든 사건들이 발생한 후다. 바로 서기전 3700년부터 시작된 우루크Uruk*의 대팽창이다. 이 팽창기에 캅카스Kavkaz산맥의 추장들은 남방과의 교역으로 엄청난 부를 축적했고, 이를 바탕으로 초원에 영향력을 행사했다. 그렇게 방목 조건이 훨씬 좋은 초원에 살며 말에 올라탄 이들이 남방이나 서방에서 바퀴라는 혁신을 전수받으며 유목사회가 등장한다. 그렇지만 그들은 마음껏 고유럽을 유린하지 못했다. 또는 그렇게 하지 않았다. 말 위에서 활을 쏠 수 없었기 때문이다. 당시 활의 크기는 거의 1.5미터에 달했고, 화살촉과 대도 표준화되지 않았다. 심지어 안장조차 없었을 때라 숲 사

---

* 유프라테스(Euphrates)강 동쪽에 있었던 수메르의 도시국가로 매우 크고 강대해, 메소포타미아문명 고대 왕조의 중심지였다.

이에 군데군데 초원이 펼쳐져 있는 고유럽의 중심부를 말을 타고 유린한다는 건 어불성설이었다. 따라서 전투가 벌어지면 급히 말을 몰아 격전지로 간 다음 내려서 싸우거나, 말에 탄 채로 부싯돌 날을 붙인 투창을 던져댔을 것이다.

전차는 그로부터 1,500년 뒤에야, 기마 궁수는 2,500년 뒤에야 등장한다. 일단 신타시타 문화Sintashta culture*의 전차사戰車士 무덤을 살펴보자. 전차사들은 요새를 둘러싼 무덤에 묻혀 있다. 유목사회는 거대 요새가 필요하지 않다. 네 바퀴 달린 수레는 기동성을 높여주는 유목민의 필수품이지만, 전차는 초원에서 딱히 쓸모가 없다. 그것은 단지 전쟁 기계일 뿐이다. 전차를 이용했다는 사실은 그때까지 초원 지대에 기마 군단이 출현하지 않았다는 강력한 증거다. 사실 서기전 1000년 즈음에야 기마-유목민이 출현한다. 즉 고유럽으로 침입한 이들은 유목민이 아니었고, 기마-유목민은 더욱더 아니었다. 그들이 종족적으로 인도-유럽인이었는지도 확실하지 않다. 우리가 아는 자연과학 지식에 따르면 유전적으로 더 호전적인 종족은 존재하지 않는다.

드네프르강 하곡河谷 일대에는 분명 약탈을 암시하는 거주지 파괴의 흔적이 남아 있지만, 이 지역을 벗어나면 싸움보다는 융화의 흔적이 훨씬 많다. 동방과 서방은 생산양식과 문화를 교환했고 통혼했다.

---

* 서기전 2000년 무렵 북부 유라시아 초원을 주름잡은 문화다. 인류 역사상 가장 먼저 전차를 활용했다.

서기전 2500년경 수메르에서 만들어진 군기함(軍旗函)으로, 우르(Ur)
왕조 때 벌어진 전투가 그려져 있다. 첫째 줄 중간의 큰 인물이 수메
르의 왕이다. 병사들은 말이 끄는 사륜전차에 탈 뿐, 말에 올라타지
않았다. 사륜전차의 바퀴에 살이 없음을 주목하라. 영국박물관(영국).

물론 말을 가진 동방의 이주민들이 점점 군사적 우위를 점한 듯하지만, 서쪽으로 깊숙이 들어간 집단들은 말에서 내렸다. 이러한 변화가 일어나기에 1,000년은 충분한 시간이다.

말을 가진 이들은
왜 서쪽으로 떠났을까

그들은 왜 서쪽으로 갔을까. 기후 변화부터 태생적인 호전성까지 수많은 가설이 있지만, 5,000년 이상 된 유물은 말이 없고 고고학자들은 모두 나름의 가정을 고수하기에 가까운 시일 내로 결론 날 것 같지는 않다. 본질적으로 선하거나 호전적인 종족은 없다고 보는 나도 조심스럽지만 나름의 의견을 제시해 본다.

모건은 아메리카대륙에서 미주리Missouri강과 근처 초원을 따라 여덟 종족이 무려 2,400킬로미터에 걸쳐 자리 잡고 있음을 발견했다. 각 종족의 하부 부족과 씨족의 조직은 거의 같았다. 모건은 그들이 여러 방언집단으로 나뉘어 있지만, 궁극적으로 하나의 커다란 언어집단인 점에 주목했다. 그에 따르면 "(종족) 분리는 결코 격렬한 타격 때문도 아니고 알 수 없는 재해 때문도 아니며, 더욱 넓은 지역을 차지하기 위한 자연적 확대에 따른 여러 지방으로의 분산"이다. 한 종족집단이 적절한 수를 넘어서면, 일부가 분가해 다른 지역으로 떠난다. 그러나 안전을 위해 모母종족과의 언어적 결속을 유지한다. 이동

중에 다른 종족을 만나면 먼저 자신의 종족으로 들어오기를 제안하고, 거절하면 쫓아낸다. 이러한 힘은 특별한 기술 덕분이 아니라 뒤에서 이주집단을 후원하는 모종족의 존재에서 비롯된다.*

비슷한 상상을 해보자. 원래 드네프르강-볼가강 인근의 초원 지대에 사는 이들은 모두 수렵-채집민이었다. 수렵-채집민은 평등주의로 '악명'이 높다. 똑같이 일하고 똑같이 나눈다. 그런 그들이 고유럽의 중심지에서 확산한 농경과 목축 같은 선진 기술을 알았다. 초원 지대라는 환경상 목축이 우세해졌고, 이어서 식량 사정이 좋아졌다. 그러자 가축의 적절한 이동 범위와 집단 규모의 안정적 유지를 위해 하위 집단들을 비교적 환경이 비슷한 다뉴브강 하곡으로 떠나보냈다. 물론 그 무렵에는 캅카스산맥을 넘어 전해지는 메소포타미아문명의 거대한 힘도 파악하게 되었을 것이다. 이에 대응하고자 나름대로 만든 것이 말머리 전곤과 육중한 석제 도끼라는 힘의 상징이었다. 그렇지만 그들은 어디까지나 국가가 아닌 부족 단위의 이동자였다. 서쪽으로 이동한 그들은 현지 문화의 세례를 받았고, 새 땅에서 예외 없이 농경민, 또는 반半농경-반유목민이 되고 말았다.

---

* 모건의 논의는 다음 책 참고할 것. 루이스 헨리 모건, 《고대사회: 인류 역사 연구의 고전》, 정동호·최달곤 옮김 (문화문고, 2005).

초원에서 더 오래
살아남은 여신

유목민을 위한 약간의 변명을 덧붙이자면, 얌나야 문화 초기 쿠르간에 매장된 남녀 수는 비슷한 수준이었다. 얌나야 문화 남부에서는 남녀 성비가 균형을 이루었고, 서부에서는 남성이 약간 우세했으며, 오직 동부의 볼가강 일대에서만 남성이 압도적이었다. 시간이 흐를수록 전사(남성)의 비율과 부장품이 늘어가는 것은 세계사적 현상이다. 심지어 사르마트Sarmat(사우로마타이Sauromatai)*의 전사묘 가운데 약 20퍼센트는 갑옷을 입은 여성의 것이다. 아테네Athenae에 전신戰神 아테나Athena는 있었지만 실제 여전사는 없었던 반면, 초원에는 강력한 아마존이 존재했다. 여신은 초원에서 더 오래 살아남았다.

정주문명의 여신 살해는 철저했다. 앞에서 보았듯이 미노스Minos 왕의 황소는 여신 자체다. 그런데 그리스 본토에서 온 정복자 미케네Mycenae인들이 퍼뜨린 이야기에서, 반인반우 미노타우로스Minotauros는 포세이돈Poseidon의 저주 때문에 왕비와 황소 사이에서 태어난 괴물로 전락한다. 이에 그치지 않고, 미노스 왕이 자신들의 여신(미노타우로스)을 내놓지 않자 아테네의 영웅인 테세우스Theseus는 여신의 집(미로)으로 쳐들어가 기어이 여신을 살해한다. 여신의 영원한 생명력이

---

* 스키타이(Scythai)를 흡수하고, 서기전 6세기부터 서기전 4세기까지 돈(Don)강-볼가강 하류를 지배, 서기전 1세기 무렵에는 흑해까지 진출한 기마-유목민족이다.

서기전 4세기경 할리카르나소스(Halicarnassus)에 세워진 마우솔로스 (Mausolus)의 영묘 잔해. 아마존과 그리스 남성 전사의 격투가 실감 나 게 묘사되어 있다. 정주문명은 여신 신앙과 그 유산을 철저하게 지워 냈다. 오늘날 아마존은 어디에 있는가. 영국박물관.

불완전한 이데올로기의 사금파리에 희생된 것이다. 헤아릴 수 없는 시간 동안 지하와 지상과 하늘을 아우르며, 동식물과 분리되지 않은 채 끊어지지 않는 힘으로 존재한 여신은 이제 황소도 피도 잃은 채, 일개 남성 영웅의 칼날에 쓰러져 마녀로 격하되었다. 하지만 살해자의 여신 지우기 노력에도 불구하고, 여전히 마녀는 여신의 힘을 가지고 하늘을 날아다닌다.

한마디 보태자면, 바다의 신도 원래는 포세이돈이 아니라 몸 자체가 바다인 여신이었을 것이다. 이러한 찬탈에 이어 이중, 삼중의 상징 조작이 일어났다.

3 말 탄 문명인의 탐욕

유럽의 박물관들을 전전할 때, 친구가 반가운 소식을 전했다. "마무르가 그대 타던 말로 콕 보루Kok Boru에서 우승했다오." 역시 말은 주인을 잘 만나야 하나 보다.

말의 이름은 바람이고, 마무르는 친구의 이름이다. 바람은 크고 마무르는 날쌔다. 콕 보루는 말 위에서 울락ulak이라고 불리는 염소(또는 양)를 빼앗는 격렬한 경기다. 바람은 마상 경기에는 적합하지 않다. 어깨높이가 어른 키만 해서 아무리 뛰어난 기수가 손을 뻗어도 땅에 떨어진 울락을 잡아채지 못한다. 게다가 녀석은 천방지축이다. 콕 보루 경기 중 호되게 떨어진 경험이 있다. 이러한 이유로 파미르고원을 떠나기 전 마무르에게 말했다. "이놈 키가 너무 커서 울락을 잡을 수 없어." 마무르는 기다려 보라고 했다. "한겨울에 눈이 가슴까지 쌓이면 충분히 잡을 수 있어. 작은 말들은 눈에 묻힐 테니, 그때는 이 녀석이 실력을 발휘할 거야." 겨울이 올 무렵 나는 고원을 내려왔는데, 정말로 바람과 마무르가 우승을 차지한 것이다.

사막부터 극지까지,
말을 따라가다

말은 겁쟁이지만 대단히 사회적인 동물이다. 덩치는 커도 섬세한 교감을 원하는 감정적 동물이기에, 내가 현지 조사를 수행한 파미르고원에서는 자기 말을 손이나 발로 때리는 이를 본 적이 없다. 심지어 "말 나이 여섯이면 사람 말을 알아듣는다"라는 속담이 있어 다 자란 말 앞에서는 흉도 안 봤다. 오래전 몽골인은 말의 얼굴을 때리는 것을 금했다. 심지어 고삐로 말을 쳐서도 안 되었다. 20세기 어떤 카자흐Kazakh인은 "말과 낙타가 병에 걸려 쓰러지면 곡을 했다"라고 증언했다. 오늘날 몽골인은 아예 말을 먹지 않지만, 대부분의 유목민은 말이 죽으면 먹는다. 그러나 다치거나 너무 약해진 말이 아니면 죽이지 않는다. 가끔 큰 축제가 열리면 말을 도살해 온 부족이 고기를 나누어 먹는다. 말을 먹는 것은, 죽은 말은 내 몸으로 다시 바뀌어야 하기 때문이다. 따라서 말을 먹을 때는 수많은 금기와 의식을 지켜야 한다. 식당에서 맛으로 말을 먹는 이들은 오직 도시민, 정주민뿐이다.

앞으로 나는 인간이 말을 탄다는 전제하에 이야기를 끌고 갈 것이다. 현대사회에서도 동력 측정 단위로 여전히 말의 힘인 마력馬力을 쓴다. 기관機關이 발명되기 전까지 동력은 말의 힘에만 의존했다. 황소는 힘이 세지만 빠르지 않았고, 낙타는 다양한 환경에 적응하지 못했으며, 배는 맨땅에서 활용할 수 없었다. 하지만 말은 사람을 태우거나 멍에를 진 채 들판과 사막, 열대 우림은 물론이고, 혹한의 남극까지 누볐다. 세상에 그렇게 철저히 이용당한 동물은 없을 것이다.

우박이 쏟아지는 2018년 6월, 파미르고원 벌판에 순식간에 만들어진 얼음 도랑을 물로 착각해 놀란 바람이 나를 떨어뜨렸다. 머리부터 떨어지는 낙마는 무섭다. 평생을 말 위에서 산 칭기즈칸Chingiz Khan도 말에서 떨어져 죽었는데, 바닥에 정면으로 내리박힌 신출내기의 몸이 성했을까. 다만 땅이 진흙탕이라는 게 천만다행이었다. 그렇다고 가만히 누워 있으면 안 된다. 일어날 힘이 있으면, 고통을 이기고 당장 고삐를 잡아야 한다. 젖은 몸이 식기 전에 다시 올라타지 않으면 고원의 바람이 가련한 중생의 몸을 얼려버리기 때문이다. 이처럼 말이 없으면 당장 목숨이 위험하다는 것 자체가 인간이 말 없이는 살아갈 수 없는 곳까지 왔다는 뜻이다. 길든 이래 말은 한지부터 고산과 모래바람 부는 사막까지 인간의 활동 범위를 넓혀주었다. 사실 인간이 말을 이용해 극지로 갔다기보다는, 말을 따라가다가 극지까지 닿은 것이다.

말을 타고 달리는 나와 마무르. 말타기는 그 자체로 기쁨이다.

말과 전쟁,
그 비극의 역사

호사가나 야심가는 물론 조상의 업적을 드높이고자 흥분한 일부 사가史家가 진정 찬양하는 말은 양치기 말이나 짐 나르는 말이 아니다. 그들은 전신 인드라Indra의 전차를 끄는 두 마리 황갈색 말, 히타이트Hittite와 페르시아의 전차 부대를 이끌던 열 지은 마대馬隊, 흉노匈奴나 훈Hun의 기마 궁수가 애용한 털북숭이 말, 알렉산드로스의 애마 부케팔루스Bucephalus와 칭기즈칸의 애마 홍사마紅紗馬를 찬양한다.

사실 전차를 끌고 궁사를 태운 것은 말이 한 일 중 100분의 1에도 미치지 못한다. 하지만 그것이 전쟁터를 피로 물들이고 종종 세계사의 향배를 갈랐음은 부정할 수 없다. 따라서 호사가들이 즐기는 범속한 세계사에 기록된 말의 역할을 대충 훑어보자. 가장 대표적인 것이 카데시Kadesh 전투다. 서기전 13세기가 끝나갈 무렵, 전차병들로 군대를 꾸린 이집트의 왕 람세스 2세Ramesses II가 시리아를 침략한다. 이에 히타이트의 왕 무와탈리 2세Muwatalli II도 3,500명에 달하는 전차병을 이끌고 방어에 나서니, 두 세력은 격렬하게 충돌한다. 이것이 기록으로 남은 최초의 전차 회전會戰이다. 아시아와 아프리카를 주름잡은 두 세력의 전마戰馬들이 각축을 벌인 강 대 강의 대결은 무수한 사상자만 남기며 16년을 끌다가 '태양신의 아들'과 '폭풍신의 아들'이 평화조약을 맺음으로써 일단락된다.

서기전 9세기에는 아시리아인이 전차 부대와 기병대의 막강한 힘으로 서아시아를 장악하고, 얼마 후 역시 말의 힘으로 세계를 정복했다고 자부한 페르시아인은 남자의 조건으로 '활쏘기', '기마', '진실만 말하기'를 내세운다. 이어 알렉산드로스가 동원한 마케도니아Macedonia와 테살리아Thessalia의 기병대가 이소스Issus와 가우가멜라Gaugamela에서 페르시아의 기병대를 꺾으니, 헬레니즘이 꽃피운다. 한편 동쪽으로 건너간 말과 전차는 순식간에 상商나라를 군사 대국으로 변모시켜 중원의 지배자로 만들고, 뒤를 이은 주周나라는 수백 수천 대의 전차를 거느리고 북방 민족과 격전을 벌인다. 춘추전국시대에는 북방은 물론 말이 살기 어려운 남방의 나라들조차 전마를 기르기 위해 애쓴다. 좋은 전마가 없는 나라는 패망을 피할 수 없는 시대였기 때문이다. 당시 중국은 좋은 말의 최대 수요지였고, 왕과 귀족의 묘에는 수십 대의 전차와 함께 말들이 열을 지어 묻혔다.

나는 이러한 '일반적인' 서술에서 벗어나 말과 유목문명을 결합해 역사를 보려 한다. 스키타이와 흉노에서 시작해 유라시아 전체를 돌며 수많은 유목민의 삶과 그들이 세운 국가, 사회의 특성을 살핀 후, 다시 동쪽으로 돌아가 최후의 유목국가 중가르Jungar의 멸망으로 이야기를 끝낼 것이다. 이 이야기는 말과 떼려야 뗄 수 없기에, 말을 말하는 건 이만 줄이기로 하자. 다만 어떤 복선으로서, 역사에서 말이 떠안은 모순적인 역할을 극명하게 드러내기 위해 아메리카대륙으로 잠시 건너갈 테다. 말로 비극을 창출한 이들은 야만적 유목민이 아니라 구세계의 소위 문명인이었다.

'만족을 모르는'
말 탄 문명인

지구가 둥글다는 것이 상식이 될 무렵, 동쪽에서 말을 타고 온 오스만튀르크에 지중해 세계의 해상권을 완전히 넘겨준 유럽 남부 국가들은 대서양으로 눈을 돌렸다. 때는 15세기 말로, 크리스토퍼 콜럼버스Christopher Columbus 같은 담대한 모리배들이 유럽의 군주들을 부추겨 탐험에 나섰다. 스페인의 여왕 이사벨 1세Isabel 1의 후원 아래 배를 띄운 콜럼버스는 천신만고 끝에 아메리카대륙에 닿았는데, 바로 이때 유럽의 전마들이 '신대륙'에 발을 디뎠다. 이 녀석들은 유럽인과 무슬림의 전쟁에서 능력을 검증받은 전마였다. 콜럼버스의 뒤를 이어 아메리카대륙에 정복자로 입성한 이들은 일본 전국시대의 사무라이들처럼 끝없는 전투로 단련된 하급 기사(이달고Hidalgo)였다. 그들의 우두머리 중 하나인 에르난 코르테스Hernán Cortés는 대포와 전마를 끌고 아즈텍Aztec인을 정복하기 시작했다. 그가 끌고 간 전마는 수십 마리에 불과했지만, 말을 본 적 없던 아즈텍인들은 지레 겁먹고 달아나다가 기병이 휘두르는 칼에 도륙되었다. 그 후 한 세기 반 동안 원주민의 90퍼센트를 지구상에서 지워버린 학살과 전염병의 참극이 계속되었다. 말이 없었다면 이러한 일은 벌어지지 않았을 것이다.

'말 탄 문명인'은 말 탄 유목민, 또는 미개인보다 수십 배로 잔인해서, 그들이야말로 사마천司馬遷을 비롯한 정주국가의 역사가들이 유목민에게 붙인 악명, 즉 '만족을 모르는 탐욕'의 완벽한 구현자였다.

사실 유목민은 제한된 생산성과 환경에 순응하는 세계관을 가졌기에 무한정의 재화를 탐내지 않는다. 그러나 말 탄 문명인의 탐욕은 원주민이 모두 사라지거나 노예로 전락하더라도 그들이 가진 금과 땅을 모두 빼앗을 때까지 그치지 않았다. 이러한 행태는 북아메리카 대륙의 서부 개척 시대에도 이어져, 원주민이나 동양인 노동자를 착취하는 것은 물론 몇몇 야생 동물까지 절멸시킨다.

19세기가 되어 백인들에게서 기마술을 익힌 북아메리카대륙의 원주민들은 정복자들처럼 말에 올라타 최후의 반격을 감행했다. 1876년 타탕카 이요타케Thatháŋka Íyotake(앉은 황소)와 타슈카 위트코Thašuka Witko(그의 말은 미쳤다)가 이끄는 샤이엔Cheyenne 연합의 원주민들이 조지 암스트롱 커스터George Armstrong Custer 장군의 제7기병대를 전멸시켰다. 그러나 땅과 금을 찾아 끝없이 밀려드는 이주민의 행렬은 기어이 원주민 사회를 끝장내고 말았다. 항복할 수밖에 없었던 타탕카 이요타케는 1882년 어느 미국인 기자에게 이렇게 역설했다.

위대한 신령이 여기에 우리를 둘 때 이 땅을 주었으므로, 이 땅은 우리 것이다. 우리는 자유롭게 오가며 우리 땅에서 우리 방식대로 살았다. 그러나 백인들은, 다른 땅에서 와서는, 우리가 자신들의 생각대로 살기를 강요한다. 이것은 불공평하다. 우리는 백인들에게 우리 방식대로 살라고 한 적이 단 한 번도 없다. 백인들은 양식을 얻고자 땅을 파는 것을 좋아하지만, 우리는 조상들이 그랬듯 들소 사냥을 더 좋아한다. 백인들은 한곳에 머무는 것을 좋아하지만, 우리는 사냥터를 따라 여기저기로 티피tepee(이동식 천막)를 옮기고

자 한다. 백인들의 삶은 노예의 것이다. 그들은 마을이나 농장에 갇힌 사람들이다. 우리가 원하는 것은 자유로운 삶이다. 집이든 철도든 옷이든 음식이든, 나는 백인들이 가진 것 중에 트인 벌판을 옮겨 다니며 나름의 방식대로 사는 우리의 권리만큼 좋은 것을 본 적이 없다. 우리가 왜 당신들의 병사에게 피를 흘려야 하는가?*

타탕카 이요타케의 항변은 문명과 예의를 이야기하는 한漢나라의 사절에게 흉노의 대신 중항열中行說이 가한 일침과 얼마나 비슷한가. 그가 《사기史記》를 읽은 것은 아닌지 생각될 정도다.

말이 사람의 말을
알아듣는다면

이렇듯 말은 타인을 노예로 만드는 이도 태웠고, 노예의 길에 대항하는 이도 태웠다. 그 겁 많은 짐승은 어떠한 용도로도 쓰일 수 있는 그릇이었다. 오늘날 엔진이 구호물자를 나르는 선박을 움직일 수도 있고, 대륙간탄도미사일을 날릴 수도 있는 것처럼, 말은 누가 타느냐에 따라 역할이 달라졌다.

그렇지만 말은 엔진처럼 완전히 가치 중립적인 존재는 아니었다.

---

* Bob Blaisdell, *Great Speeches by Native Americans* (Dover Publications, 2000).

유목민은 "내가 말을 가지면 사람들이 나를 다르게 대한다"라고 말한다. 말이 있으면 먼 친척을 찾아갈 수 있고, 길 잃은 어린 양을 구할 수 있으며, 지친 과객에게 호의를 베풀 수 있다. 겨울에 꽁꽁 언 진흙탕을 으깰 수 있고, 재미로 들판을 달릴 수 있으며, 손님이 오면 마중 나갈 수 있다. 동시에 말은 기계보다 훨씬 섬세해 수십 가지 이유로 털이 빠지고 발굽이 상하며 배탈이 나 마른다. 그 처방도 수십 가지니, 자식을 키우는 어버이의 마음 없이는 기를 재간이 없다. 그래서 유목민은 "착한 사람의 말이 살찐다"라고 단언한다.

객관적으로 보아 전쟁에서 말이 한 역할은 극히 일부에 지나지 않는다. 자동차가 상용화되기 전까지 역마가 국가의 행정을 일부 책임졌다. 말이 없었으면 식료품이 상하기 전에 빨리 유통할 수 없었을 테고, 그렇다면 많은 사람이 사는 도시의 등장도 불가능했을 것이다. 결국 농노제가 무너지는 데 훨씬 오랜 시간이 걸렸을지 모른다. 실제로 중세 유럽에서 육상 물자 수송의 4분의 3을 말이 담당했다고 한다. 말이 없었다면 속도나 동력이라는 개념도 만들어지지 못해, 자동차도 인터넷도 발명되지 못했을 것이다. 그런데도 우리는 야생마의 마지막 남은 서식지마저 없애고, 길든 말은 우리에 가둬놓고 혹사한다. 호사가들은 겁쟁이 말이 자기 본성을 눌러가며 사람을 짓밟던 이야기만 해댄다. 실로 인류는 배은망덕한 종이다.

말이 사람의 말을 알아듣는다면 타탕카 이요타케처럼 한마디 하고 싶을 것이다. "나는 자유를 원한다. 당신들에게 우리 방식을 따르라고 하지 않았다. 왜 당신들 때문에 우리가 피를 흘려야 하는가?"

4   누가, 왜 말에 올라탔는가

인간이 말에 올라탐으로써 표준적인 속도와 힘의 개념이 생겨났다. 말은 인간보다 몇 배 빠른 속도로 몇 배 오래 뛰고, 몇 배 강한 힘으로 몇 배 오래 일할 수 있다. 말이라는 예측 가능한 벡터vector는 초원 공간을 좌표로 전환했다. 초원의 집단들은 기마술과 두 바퀴 달린 전차를 발명해 인간이 자연적인 힘과 속도를 넘어설 수 있음을 보여주었다. 현대문명의 두 축이라 할 수 있는 자동차와 인터넷은 초원에서 발명된 표준적인 속도와 힘에 영감을 얻어 생겨난 것이다.

고고학자들은 카자흐스탄 북부의 보타이Botai 유적에서 재갈을 문 탓에 마모된 말의 어금니를 찾아 최소한 5,700년 전부터 사냥꾼 무리가 말을 길들여 데리고 다녔음을 밝혀냈다. 만약 그들이 기마인이었다면 함정이나 그물을 펼쳐놓고 이런 대화를 나누었을 것이다. "너는 해가 지는 쪽으로 그림자가 가장 짧아질 때까지 걸어갔다가, 그때부터 뛰어서 사냥감을 이쪽으로 몰아오라. 나는 해가 뜨는 쪽으로 꼭 같은 거리(시간×속도)를 가서 이쪽으로 몰아오겠다."

방위를 세분하고 인원을 배치한 다음 말 탄 사냥꾼들이 사냥감을 몰아온다. 사냥감이 말이라고 생각해 보자. 말은 지극히 사회적인 동물이다. 도주할 때조차 무리 짓는다. 빠른 속도와 높은 조심성이 바로 그들의 약점이다. 그들은 멀리서 인간들이 접근하는 것을 감지하자마자 본능적으로 달아난다. 사방에서 인간들이 조여오자 말 무리는 한곳으로 몰린다. 직후 인간들은 영악스럽게도 길을 터준다. 그곳으로 말들이 질주하지만, 맞닥뜨리는 건 울타리, 그물, 함정뿐이다. 수백 킬로그램의 말 한 마리가 수백 명의 인간에게 하루 치의 단백질을 제공한다. 당시 말은 축복 그 자체였다.

인간은
왜 말에 올라탔을까

이제 더 근본적인 질문을 던질 차례다. 인간은 왜 말에 올라탔을까. 분명 그 전에 인간은 말을 길들였을 것이다. 날뛰는 야생마에 올라탈 수 있는 인간은 없을 테니까. 따라서 논리적으로 말의 가축화를 먼저 설명해야 한다. 서구 학자들은 본능적으로 목적, 수단, 효용을 기준으로 과거의 사실을 판단하는 경향이 있다. 예컨대 최근 말의 가축화 연구에 열정을 쏟고 있는 고고학자 앤서니는 이렇게 설명한다.

> 인간이 이미 소와 양을 가축으로 거느리고 있었다면 말을 길들이려는 동기는 무엇이었을까? 수송을 위한 것이었을까? 거의 분명 그것은 아니다. 말은 크고 힘이 세며 공격적인 동물로서 사람을 태우기보다는 달아나거나 싸우려 드는 경향이 있다. 기마는 말이 이미 통제 가능한 길들인 가축으로서 익숙해진 후 개발되었을 것이다. 최초의 동기는 아마도 값싸게 얻을 수 있는 겨울 육식에 대한 욕구였을 것이다.*

'수송', '기마', '겨울 육식' 등 말을 인간 삶을 위한 실용적인 수단으로 본 것이다. 당시 서방에서는 이미 소를 길들여 꼭 그런 목적으로 활용하고 있었으므로, 저렇게 생각하는 것도 무리는 아니다.

일단 말은 추위에 강하다. 한겨울 유라시아 초원에 눈이 내리면 소와 양은 먹이를 찾는 데 어려움을 겪는다. 반면 어지간한 눈과 얼음은 말에게 큰 위협이 되지 못한다. 말은 단단한 발굽으로 눈과 얼음을 헤치고 풀을 찾는다. 소와 양은 그 뒤를 졸졸 따라다니다가 말 발자국에서 풀을 뜯는다. 지금도 유라시아 초원에서 많은 유목민이

---

* 데이비드 W. 앤서니, 《말, 바퀴, 언어: 유라시아 초원의 청동기 기마인은 어떻게 근대 세계를 형성했나》, 공원국 옮김 (에코리브르, 2015), 295.

말을 '길 개척자'로 활용한다. 예컨대 카자흐스탄의 초원에서 주트_{jut}*
가 발생하면 사람들은 말을 타고 초원을 내달으며 빙판을 깬다. 때
로는 말 뒤에 써레를 달고 눈을 헤집는다. 주트에도 살아남는 짐승은
말이 유일하다.

　이처럼 말이 초원의 겨울을 잘 견딘다고 해서 정말 손쉽게 얻을
수 있는 식량이었을까. 반론은 얼마든지 가능하다. 말은 어떤 짐승보
다 넓은 초지가 필요하다. 충분한 먹이를 찾자면 한 마리당 수십 헥
타르의 땅이 필요하고, 따라서 계속 이동해야 한다. 완전히 길든 말
이 아니라면, 방목한 말은 다른 무리에 쉽게 합류해 도망간다. 울타
리에 넣어두면 먹이를 공급할 수 없고, 방목하면 달아나고, 방목한
말을 다시 잡는 것은 사냥만큼이나 어렵다. 또한 고대인이 오늘날 자
본주의에 익숙한 우리처럼 동물을 실용적으로 대했을지 의문이다.
19세기 시베리아Siberia 삼림 지대의 유목민은 가축으로 길들인 순록
을 먹지 않았다. 그들은 야생 순록을 사냥해 먹고, 여러 가지 이유로
그럴 수 없을 때만 가축 순록을 먹었다. 심지어 어떤 유목민은 등에
무리를 줄까 봐 가축 순록을 타지도 않았다. 가축 순록은 썰매를 끌
거나, 결혼 시에 선물처럼 교환하는 정도로만 쓰였다. 심지어 유목민
은 가축 순록의 수가 늘어나는 것을 반가워하지 않았다. 그들을 데리
고 다니며 늑대 떼에게서 보호하기가 쉽지 않기 때문이다. 끝없이 관

＊ 진눈깨비가 내린 후 곧바로 온도가 내려가 초원에 빙판이 생기는 일종의 자연재해다. 추
위에 약한 가축들이 떼죽음을 당한다. 몽골에서는 조드(zud)라고 부른다.

파지리크(Pazyryk) 고분에서 출토된 말 장식물들. 산림(북방)과 초원(남방)의 경계에서 말은 머리에 사슴뿔이나 날개를 달았다. 이는 단순히 실용적인 목적으로 말을 기르지 않았음을 의미한다. 말은 땅과 하늘, 삼림과 초원, 사람과 짐승을 잇는 의례의 중심에 있었다.

리하지 않으면 가축 순록은 바로 야생으로 돌아간다.

처음 말에 올라탄
초원의 사냥꾼들

나는 말이 사냥꾼들의 관습 덕에 인간과 가까워졌고, 나머지 효용은 그 후 자연스럽게 따라왔다고 생각한다. 최초로 길들인 말은 망아지 와 그 어미로 추정한다. 몽골의 사냥꾼들은 늑대를 사냥한 후 새끼를 잡아 얼마간 기른 후 야생으로 돌려보낸다. 사실 지구상의 모든 사냥 꾼집단이 어미 잃은 새끼를 돌보다가 풀어주는 일을 반복한다. 최초 의 말 사냥꾼들도 그리했을 것이다(말을 타지 않고도 얼마든지 말을 사 냥할 수 있다). 일단 몰이 사냥으로 망아지를 잡은 후 죽이지 않고 거 주지 근처로 데려온다. 망아지는 목줄만 씌우면 충분히 제어할 수 있 다. 그러면 새끼를 버리지 못하는 어미도 따라온다. 망아지를 묶어놓 으면 어미는 정해진 시간마다 젖을 물리기 위해 돌아온다. 사냥꾼들 은 망아지가 자라 풀을 먹을 때가 되면 목줄 대신 재갈을 채운다. 젖 을 물리러 오는 어미에게는 건초를 주며 충분히 친해진 다음 재갈을 채운다. 이렇게 키운 말들은 겨울 양식으로 잡아먹거나, 희생제에 사 용했을 것이다. 때로는 다시 놓아주었을지 모른다. 그러나 가장 중요 한 것은 말 젖이었다. 보타이 유적에는 말 젖이 발효되어 산화된 흔 적이 남아 있다. 소가 살 수 없는 환경에서 젖(마유)을 제공하는 짐승이 얼마나 귀하게 보였을지 쉽사리 상상할 수 있다.

재갈을 채운 말이라고 해서 반드시 썰매를 끌고 사람을 태웠다고 단정할 수 없다. 그냥 데리고 다녔을 가능성도 있기 때문이다. 그러나 앤서니 등의 학자는 서기전 3700년 전부터 시작된 보타이 문화의 확대가 대규모 말 사냥 덕분이라고 주장한다. 말에게 재갈을 채운 후 곧장 말에 올라타 사냥과 운송에 나섰다는 것이다. 상당히 일리 있는 주장이지만, 여전히 확신할 수 없다. 적절한 조직만 갖추면 도보로도 대규모 몰이 사냥이 가능하다. 그런 목적으로 사람들이 모여 보타이 문화가 확대되었을 수 있다. 고고학이 알려주는 것은 오직 이 정도다. 우리가 확실하게 이야기할 수 있는 것은, 말에게 재갈을 채운 날과 초원에서 전차가 등장하는 날 사이의 1,500년 중 어느 때에 처음으로 말이 짐을 끄는 동물로 쓰였다는 점 그리고 말에게 재갈을 채운 날과 메소포타미아에서 말 탄 사람의 모양이 그려진 날 사이의 1,500년 중 어느 때에 누군가 말을 탔다는 점뿐이다. 대규모로 말을 방목했다면 목동은 분명 말을 탔겠지만, 그 시점도 특정할 수 없다. 그러나 초원에 사는 사람들이 누구보다 앞서 말에게 재갈을 채우고 올라탄 것은 의심할 여지가 없다. 어쨌든 지금부터 5,700년 전에서 4,500년 전 사이에 기마는 시작된 것이다.

처음 말에 올라탄 이는 누구였을까. 아이였을까 어른이었을까, 남자였을까 여자였을까. 아이가 호기심 때문에, 또는 어른이 의식을 치르려 묶여 있는 키 작은 망아지에 올라탔을 수 있다. 오늘날 유목민들은 대개 말이 한 살이 되면 안장 없이 올라타는데, 이를 보면 과거

처음 말에 올라탄 이는 누구였을까. 거대한 말과 어린 소년의 모습이
역동적이다. 서기전 2세기 그리스에서 만들어졌다. 아테네국립고고
학박물관.

에도 그랬을 가능성이 크다. 그렇게 자신감을 얻은 최초의 기수는 망아지에게 젖을 먹이는 어미의 등도 조심스레 노렸을 것이다. 그러고는 긴 줄에 묶여 빙글빙글 도는 말에게서 떨어지지 않기 위해 용을 쓰다가 순간 균형을 잃고 낙마하기를 반복했을 것이다. 충분히 위험하지만, 그렇다고 죽을 정도는 아닌 이 놀이에 어느 순간 사람들은 매료되고, 이어 여러 사람이 말에 올라타지 않았을까.

그렇게 역사의 대격변이 시작되었다. 말 탄 사냥꾼들은 훨씬 수월하게 짐승들을 몰 수 있었고, 더 큰 규모로 협동할 수 있었다. 최초의 기승용 말은 자신의 후손들이 맞을 운명을 몰랐을 테지만, 최초의 기마인도 자신의 행위가 몰고 올 파장을 몰랐을 것이다. 이제 말 탄 인간은 명백한 벡터로서 존재하기 시작한다. 말 덕에 시공간은 측량 가능한 단위로 바뀌고, 초원의 세력은 멀리 퍼져나간다. 말은 인간을 태우고, 수레를 끌고, 젖과 고기와 가죽과 뼈와 밧줄을 제공한다. 심지어 말의 똥도 연료로 사용된다.

무기인가 제기인가,
말머리 전곤의 의미

고고학적으로 초원에서는 재갈의 흔적보다 앞서 말머리 전곤이 등장한다. 이것도 최초의 기마술만큼이나 다양하게 해석할 수 있다. 이왕 끌어들인 김에 앤서니의 의견을 더 들어보자.

도끼와 달리 전곤은 (인간의) 머리를 부술 때 빼고는 실제로 쓸모가 없다. 고유럽에서 이것은 새로운 유형의 무기이자 권력의 상징이었지만, …… 모두 더 오래된 초원의 원형이 있다.*

이런 해석은 곤봉으로 인간의 머리를 타격하는 장면을 그린 이집트 벽화에서 영감을 얻은 것일 테다. 역시 철저하게 인간의 관점에서 효용 여부를 기준으로 판단하고 있다. 그러나 사실 누구도 지상에서 가장 빠른 동물의 머리 모양으로 만든 돌 망치의 용도를 모른다. 말머리 전곤으로 과연 다른 인간의 머리를 타격했을까. 국가 등장 이전의 부족사회에서 말머리 전곤이 정말 세속 권력의 상징이었을까. 오늘날 몽골에서는 먹기 위해 말을 잡을 때, 먼저 그 눈을 가리고 도끼로 머리를 타격해 기절시킨다. 말머리 전곤은 도끼 대용으로 사용할 수 있다. 그렇다면 말의 가치를 존중했던 초원의 사냥꾼들이 자연석 대신 말머리 전곤으로 말의 머리를 타격한 것은 아닐까. 다시 말해 말머리 전곤은 포로를 처단하는 용도가 아니라 희생제용, 또는 식용 말을 죽일 때 의식을 치를 용도로 쓰인 것이지 않을까. 가장 강력한 짐승을 죽일 때 특별한 의식을 치르는 행위는 세계 곳곳에서 목격된다. 북아시아의 사냥꾼들은 곰을 포획해 기르다가 의식용으로 만든 특수한 창과 화살로 죽인다.

어떤 해석이 옳은지 모른다. 초원에 살았던 사람들은 이렇다 할

---

* 앞의 책, 345.

신전도 거주지도 남기지 않았다. 우리는 그들이 남긴 쓰레기를 가지고 그들의 삶을 재구성하는 난제를 안고 있다. 하지만 오늘날 고고학은 협소한 현대인의 관점에서 세속 권력과 물질 유물의 상관관계를 밝히고자 한다. 상상력은 물론, 대단히 광범위한 인류학적 고찰이 꼭 필요하다.

수많은 가설 중 하나에 불과하지만, 나는 다음처럼 거칠게 요약한다. 하루는 사냥꾼들이 망아지를 잡는다. 그러자 어미가 찾아와 젖을 물린다. 시간이 지나 두 말에게 재갈을 물린 끝에 인간은 처음으로 말에 올라탄다. 그러면서 순식간에 말-인간으로 진화하고, 말과 함께 사냥에 나선다. 이후 어느 순간부터 이동하며 짐승들을 키우기 시작하는데, 초지와 짐승들을 지키기 위해 말에 탄 채로 활을 쏘게 된다. 기마는 유목을 가능하게 해 초원의 생산력을 비약적으로 끌어올리고, 따라서 몇몇은 목축에서 벗어나 다른 일을 맡는다. 곧 초원 외부에서 뻗쳐오는 힘에 대응해 군대를 만드니, 그리하여 국가가 생긴다. 서기전 8세기 무렵 스키타이가 최초로 유사국가를 세우고, 그로부터 몇 세기 후 흉노는 남방의 정주국가들에 버금가는 행정 체제를 확립, 다민족을 아우르는 제국을 건설한다.

5 파괴와 창조를 아우르는 도덕률

시인 히란야스투파 앙기라사Hiranyastupa Angirasa*가 입을 연다. "이제 나는 인드라, 전곤을 휘두르시는 그분이 행하신 가장 큰 업적들을 선포하겠습니다."** 인드라는 소마Soma***를 마시고 용기백배해 두 마리 황갈색 말이 끄는 전차에 올라 적진을 유린하는 고대 인도의 전신이다.

---

* 고대 인도의 의례 시가집인 《리그베다(*Rigveda*)》에서 지혜의 말을 전하는 시인 중 한 명이다.

** 이하 《리그베다》 인용은 다음 책 참고할 것. *The Rigveda: The Earliest Religious Poetry of India*, trans. Stephanie W. Jamison, Joel P. Brereton (Oxford University Press, 2014).

*** 정신을 고양하는 작용의 의식용 약물이다. 후에는 그 자체가 신격화된다.

인도 아대륙을 넘어 단군 신화에까지 환인桓因으로 등장하는 그 신이 3,500년 전에 도대체 무슨 일을 행한 것일까.

흥이 오른 시인의 말을 따라가 보면, 인드라는 거대한 코브라 브리트라Vritra를 쳐 죽이고 뱀의 똬리 속에 갇혀 있던 물을 해방한다. 인드라와 브리트라의 대결은《리그베다》전체를 통틀어 가장 박진감 넘치는 부분이다.

장애물을 거침없이 짓밟는 전신 인드라

물을 가두고 있던 브리트라는 만만치 않은 적수였던 듯하다. 너무나 거대한 뱀의 위용에 놀라 다른 신들은 감히 대들 엄두를 못 냈고, 무적의 전곤(또는 번개)을 가진 인드라만 나섰다. 두 마리 황갈색 말을 타고 천공을 날아다니는 전신 인드라. 그는 가까스로 뱀의 공격을 피했다. "당신 인드라는 그 거대한 뱀의 송곳니가 덮쳤을 때 말 꼬리가 되었습니다."

인드라는 소마의 힘을 빌렸다. 브리트라는 산 위에 서려 있었다. 인드라의 전곤은 대장장이 트바슈타르Tvaṣṭar가 만들어 쩌렁쩌렁 울리는 것이었다. "황소처럼, 그는 자기 소마를 집어 들고, 트리카드루카Trikadruka(인드라가 끌고 다니는 난폭한 싸움의 군신群神 마루트Maruts) 사이에서 들이켰습니다. 그 위험한 이가 던지는 무기(전곤)를 집어 들고, 거대한 뱀들의 만이 브리트라를 후려쳤습니다."

온 세상의 물을 다 가두고 있는 브리트라도 마구 내리치는 전곤의 위력을 당해내지 못했다. "인드라가 자신의 위대한 무기로 브리트라, 어깨를 쫙 펼친 그 거대한 장애물을 내리치니, 마치 통나무가 도끼에 쪼개지듯이 피로 땅을 적시며 드러누웠습니다."

소마를 마신 인드라를 막을 수 있는 것은 없었다. "전사도 아닌 이처럼 브리트라는 은빛 소마를 드신, 강력하게 찍어누르는 위대한 영웅에게 대들었지만, 그의 공격을 견뎌내지 못했습니다. 후려치는 타격에 그의 주둥이가 부서졌으니, 인드라의 적수는 이렇게 완전히 으깨어졌습니다."

시인은 이제 마음껏 브리트라를 조롱한다. "손도 발도 없는 그"는 소들의 우두머리가 되고 싶었지만 결국 거세된 소에 불과했다. 그리고 비참하게 수많은 조각으로 찢겨 땅 위에 널브러졌다. 전신은 아들의 죽음에 힘이 쫙 빠진 어미에게까지 무기를 휘둘렀다. 사정없는 전곤의 공격을 받은 어미는 아들의 시체 위로 포개졌다. 마치 "송아지를 아래 둔 암소처럼."

그러자 암소가 펑펑 우유를 쏟아내듯이, 브리트라에게서 풀려난 물이 곧장 바다로 내달렸다. 그러면서 불운한 뱀의 시체를 넘어가니, 곧 그 시체가 물속에 잠겼다. 그렇게 인드라는 지상의 일곱 강을 다시 흐르게 했고, 그의 승리 덕에 태양과 하늘과 새벽이 살아날 수 있었다. 이후에는 전신의 적수를 찾을 수 없었다고 하지만, 실상 싸움은 그치지 않은 듯하다. 시인이 이렇게 되묻고 있기 때문이다. "브리트라를 패대기친 후, 그 거대한 뱀의 복수자로서 두려움이 몰려들 때 당신은 누구를 보았습니까."

물론 복수자도 브리트라와 비슷한 운명을 맞았을 것이다. 그리하여 인드라는 천상과 지상의 왕이 되었다. "팔로 전곤을 잡으면, 인드라는 움직이는 이와 정착한 이, 뿔 가진 이와 뿔 없는 이 모두의 왕입니다. 그리고 그만이 왕으로서 수많은 민족을 다스립니다. 바퀴의 테두리가 살을 망라하듯이, 그는 그들 모두를 망라합니다."

생존이 곧 정의인
파괴의 법칙

드네프르강보다 볼가강에 훨씬 거센 바람이 분다. 더 동쪽으로 이동해 우랄산맥을 넘으면 눈과 얼음의 땅 시베리아가 펼쳐진다. 비록 소가 끄는 수레가 있고 타고 다닐 말이 있는 유목민이라 해도 처음 그곳에 발을 디딜 때는 망설였을 것이 분명하다. 흑해-카스피해 인근의 초원에서 시작된 얌나야 문화의 팽창 물결은 기어이 우랄산맥을 넘었다. 그 과정이 수월하지만은 않았다. 곧바로 자연의 역습이 시작되었다.

자신이 서기전 2500년에서 서기전 2000년 사이 우랄산맥 동쪽에 도착한 어느 목축 부족의 우두머리라고 가정해 보자. 날씨는 나날이 건조해지고 있다. 겨울이 가까워지자 그동안 그리 심하지 않았던 목장 경쟁이 치열하다. 그렇다면 겨울을 안정적으로 나기 위해, 또는 더 따뜻한 곳을 찾기 위해 한 번쯤 남쪽으로의 이주를 꿈꾸지 않았을까. 사실 겨울에 남쪽으로 이동하는 것은 모든 목축민의 한결같은 습속이다. 그러나 당시 남쪽에는, 드네프르강 서쪽의 고유럽과는 달리 이미 거대 도시문명이 자리 잡고 있었다. 약간의 시차를 두고 메소포타미아문명의 기술적 성과를 다 빨아들인 소위 선진 지대로, 그곳 사람들은 거주지를 요새화하고 관개 농업을 행했다.

이 지대를 뚫고 남진하는 일은 쉽지 않았을 것이다. 그런 탓인지 충돌의 흔적이 발견되는데, 고고학자들은 그 핵심으로 신타시타 문화를 꼽는다. 우랄산맥 동쪽의 신타시타 문화에서 초원의 가공할 무기인 전차가 역사의 전면에 등장하기 때문이다. 연구자들이 신타시타 문화에 관심을 두는 것은 당연하다. 인도-이란인으로 알려진 반유목민들의 두 구전 설화 속 일부 배경이 신타시타 문화와 매우 흡사하기 때문이다. 그 구전 설화들은 오늘날 문헌 기록으로 전해지는데, 바로 《리그베다》와 《아베스타*Avesta*》다. 특히 방대한 찬가 묶음인 《리그베다》의 몇몇 구절은 최소한 서기전 10세기에 이미 현재의 꼴을 갖추었을 것으로 짐작되는데, 그 후 무려 3,000년간 거의 토씨 하나 바뀌지 않고 오늘날까지 이어지고 있다. 《아베스타》의 가타Gatha* 일부도 마찬가지다. 그 기록은 자매 언어인 인도어와 이란어의 조상

---

* 신께 받은 계시와 교훈, 신께 올리는 기도를 정리한 것으로 《아베스타》에서 가장 오래된 부분이며, 조로아스터(Zoroaster) 본인의 말로 받아들여지고 있다.

인도 코나라크(Konarak)의 태양신사원을 지키는 코끼리와 말. 코끼리가 육중한 코로 적을 집어 던진다면, 말은 강인한 발로 적을 짓밟는다. 인도 아대륙에서 말은 코끼리의 반열에 올랐다.

황소를 죽이는 미트라. 미트라는 로마의 군인들에게 인기를 끌었다. 바티칸미술관(이탈리아).

언어로 쓰였다. 이 두 작품에서 최초의 유목사회를 조금이나마 엿볼 수 있다.

그들이 후대의 튀르크Türk나 몽골의 기마 궁수들처럼 강력하고 빠르며 폭력적이었는지는 알 수 없다. 그러나 인드라의 행태를 보았을 때, 이동하는 이들은 '장애물(브리트라)'을 만나면 가차 없이 부숴버렸을 성싶다. 인드라는 자신을 믿는 아리아인의 적이면 무조건 쳐부술 뿐 싸움의 정당성을 따지지 않는다. 추종자의 염원을 따라 적을 깨뜨리고 전리품을 아낌없이 나눠줄 뿐이다. 실제로 최초의 유목사회와 맞닥뜨린 부족들은 비록 학살당하지는 않더라도, 결국 동화되고 말았다. 한 부족은 정남으로 내려가 이란으로 들어갔고, 한 부족은 좀더 동쪽으로 가 카라코람Karakoram산맥과 히말라야Himalaya산맥의 서쪽 자락을 우회하더니, 인더스Indus강을 넘어 인도 아대륙 깊은 곳으로 들어갔다. 바로 그 시기 모헨조다로Mohenjo-Daro의 인더스문명이 종말을 고했다. 인더스문명의 선주민들은 꼭 고유럽의 사람들처럼 가슴을 드러낸 여신상을 모시고, 메소포타미아의 사람들처럼 벽돌집을 짓고 살았다. 인드라는 전차를 타고 전곤을 휘두르며 천공을 가르고, 지상에서는 그를 추종하는 전사들이 소마를 마시고 선주민들에게 달려들었을 것이다.

초원의 혹독한 자연환경에서 태어나 거침없이 장애물을 부수며 이동한 인도-이란인은 생존을 위해 지상의 체계를 본떠 만신전萬神殿(판테온Pantheon)을 만들었다. 위대한 아버지 아수라阿修羅(아후라Ahura) 아래로 불(태양)의 주主 미트라Mitra와 물의 주 바루나Varuna(아팜 나파트(Apam Napat), 승리의 신 인드라(베레트라그나Verethragna)가 섰다. 분명 실제로 거둔 어떤 승리에 기초해 지었을 인드라 신화는 그가 승리의 신이자 번개와 물을 관장하는 기후의 신으로 승격되는 과정을 자세히 보여준다. 그는 유랑하던 유대Judea인들의 신 야훼Yahweh처럼 폭력적이고 이기적이었다. 브리트라는 악해서 패한 것이 아니라 약해서 패했다. 앞서 우리는 물과 뱀과 여신의 상관관계를 보았다. 코브라는 초원에 없는, 그보다 남쪽의 토착종이다. 즉 브리트라는 인드라의 전차에 대항한 남쪽의 어떤 집단을, 커다란 산에 서린 몸뚱이는 저항하는 이들의 요새를 상징하는 것일 수 있다. 어쩌면 그 요새 안에 관개 시설(물)이 있었는지 모른다. 그렇다면 인드라는 물을 해방한 것이 아니라 어렵게 유지되던 관개 시설을 깨부순 것일까. 저항이 강하면 싸움은 더 강렬해지기 마련이다. 움직이는 이들은 멈춘 이들을 무찌를 더 무자비하고 강한 신이 필요해졌을 테고, 자연스레 투쟁의 시기 인드라의 지위는 크게 높아졌을 것이다.

폭력을 반성하는
창조의 법칙

물론 폭력과 함께 즉각적인 반성이 일어났다. 서쪽으로 간 이란인들은 인도인들이 숭배하던 이 초도덕적 신 인드라를 악신惡神(다에바Daeva)의 우두머리로 낙인찍고 비난했다. 특히 이란의 조로아스터는 인도의 형제들이 믿는 인드라의 부도덕함이 미워, 그를 숭배하는 이는 자신의 제자가 아니라고 선포했다. 그는 초도덕적 승리가 아닌 정당한 승리, 즉 우주의 질서(아샤Asha)를 따르는 승리를 추구했다. 그래서 이란의 전신 베레트라그나는 전투에서 분명 인드라의 역할을 하면서도 도덕의 외투를 걸치고 있다. 물론 그라고 해서 언제나 선하지는 않을 테니, 종종 무고한 상대에게 악의 고깔을 덮어씌우기도 하지만, 최소한 명목상 '사악한' 적만 무찌른다. 베레트라그나는 지혜와 선善의 주 아후라 마즈다Ahura Mazda가 창조한 존재이기 때문이다.

《아베스타》의 표현을 빌리자면, "어떻게 아샤를 따르면서 올곧은 목자가 암소를 얻느냐"라는 게 조로아스터 앞에 놓인 과제였다. 그래서 선한 신들은 선한 목자들을 보호하고, 선한 목자들은 "목자 중에 섞여 있지만, 목자 아닌 이"에게서 자신의 가축들을 지킬 의무가 있었다. 조로아스터의 만신전에서 인드라가 악신이자 가짜 목자로 배척당한 것을 보면, 남쪽으로 이동한 유목민들이 계속되는 약탈과 전투 속에서도 평화를 유지할 도덕 체계를 만들고자 부단히 노력했음을 알 수 있다. 상황에 따라 서로 약탈하는 일도 있었기에, 먼저 자리 잡아 안정을 이룬 이들부터 인드라를 배격했을 것이다. 인도에서도 비슷한 현상이 일어나, 《리그베다》의 찬가를 거의 독차지하던 전신 인드라는 창조의 신 비슈누Vishnu에게 자리를 내주고, 심지어 자신을 따르던 군신 무리의 특성을 형상화한 작은 신 시바Shiva에게까지 밀려난다. 《리그베다》 안에 이미 창조의 신이 전신을 능가하리라는 복선이 깔려 있다.

그분 혼자서 단 세 발걸음으로 여기 (생명이) 사는 장소를 만들었습니다. 이 길고 넓은 곳을. 그(비슈누)의 세 발자국은 꿀로 채워지고, 절대 지워지지 않는 (그것들은) 그 자체의 힘으로 기쁨을 찾습니다. 혼자서 그 세 발자국 안에 하늘과 땅과 모든 살아 있는 것을 떠받치는 이. …… 우리는 당신들(비슈누와 인드라)에게 속하는 거처들로 가고자 합니다. 풍성한 뿔이 달린, 고삐 없는 암소들이 있는 그곳으로.

"하늘과 땅과 모든 살아 있는 것을 떠받치는 이", 곧 창조자는 서서히 파괴자를 대체한다. 언제나 파괴는 창조 앞에 오고, 창조에 길을 내준다. 유목민은 파괴로 찾아와 창조를 남기고, 다시 맨몸으로 떠난다. 물론 전신 인드라는 전차사이지 기마 전사가 아니다. 그러나 빠르게 움직이는 인드라의 부상과 퇴조는 앞으로 2,000년 이상 이어질 유목민과 정주민의 지난한 갈등의 서막을 알리는 신호탄이다. 움직이는 이들과 멈춘 이들의 격렬한 갈등과 투쟁 그리고 뒤이은 협상과 융합의 끊임없는 반복 말이다.

6   모든 부족신을 포용한 신학혁명

때는 1257년 마지막 달. 칼리프caliph는 바그다드Baghdad의 성채에 갇혀 있고, 밖에는 칭기즈칸의 손자 훌라구Hulagu가 포진하고 있다. 훌라구는 이렇게 전갈을 써 보낸다. "영원하고 전능한 하느님이 칭기즈칸 일족에게 세계를 나누어 통치하라고 하셨다. 당장 나와서 항복하라."

"영원하고 전능한 하느님"이라니, 곧 알라Allah 아닌가. 게다가 칼리프야말로 하느님의 말씀을 지상에서 실천하는 최고 군주이고, 몽골인의 하느님 텡그리Tengri는 알라와 어떻게 다른가. 어떤 하느님을 믿어야 하는가. 분명한 것은 그 하느님은 지상 모든 인간의 하느님이라는 사실이다. 오늘날 특정 종교의 신자가 아닌 이들까지 믿는 최고

도로 추상화된 이성적인 하느님 개념은 몽골에 정복되기 몇천 년 전의 중앙아시아 초원과 서아시아 농경 지대 언저리에서 탄생했다.

언어는 구체적인 사물을 칭할 때조차 철저하게 추상적이고 관념적이다. 우리가 '개미'라는 단어를 뱉을 때, 그 개미가 모년 모일 모처로 이동하던 특정한 개미일 가능성은 거의 없다. 그것은 개미라는 이름으로 추상화된 관념상의 존재다. 중국인이 '마이蚂蚁'라 하고 영국인이 '앤트ant'라 해도, 즉 뱉는 단어는 달라도 그것은 분명 개미의 특성을 가진 어떤 종을 가리킨다. 그렇지 않다면 특정한 언어집단을 넘어선 사회는 형성될 수 없다. 인간이 지역적 한계를 넘어 집단을 이루고, 시간의 한계를 넘어 기록으로 소통할 수 있는 이유는 바로 이 추상화 덕분이다. 인간이 추상화 수준을 끝없이 높일 수 있다면, 이론적으로 사회를 계속 확장할 수 있다. 물론 인간의 언어에서 가장 추상적인 단어는 '신神'이다. 사람들은 유목문명이 인류사에 이바지한 바로 기마니 역참이니 기동성이니 하는, 전쟁이나 행정과 관련된 것들만 나열한다. 그러나 초원을 넘어 세계사를 뿌리까지 뒤흔든 거대한 발명품은 그러한 구체성의 차원을 뛰어넘은 새 신학이다.

유목민, 신에 대한 인식의 틀을 깨다

이제 3,000년 하고도 몇백 년 전 어느 때의 볼가강 동쪽, 좀더 구체적으로 아랄Aral해와 이르티시Irtysh강 사이의 초원으로 가보자. 마침 소와 양을 옮겨야 하는 시기로, 하늘은 며칠을 이동해도 변함없이 새파랗다. 가끔 광풍이 불어 우박이 몰아치지만, 동서남북 어디에서 보아도 하늘의 빛깔과 모양은 같다. 하늘은 주기적으로 유목민을 공포로 몰아넣는다. 구름 한 점 없는 새파란 하늘이 수년간 이어지거나, 시커먼 겨울 하늘에서 며칠 내내 눈이 오면 가축들이 버틸 도리가 없다. 죽지 않으려면 남의 것을 뺏거나, 그마저 여의치 않으면 풀이 있는 곳을 찾아 움직여야 한다. 초원의 하늘은 그토록 자비로우면서도 무섭다.

하늘의 조화로 일군의 집단이 서남쪽으로 움직여 오늘날 이란이라고 불리는 땅에 무사히 발을 디뎠다. 그곳의 하늘은 오히려 초원의 하늘보다 짙푸르다. 그리스인은 그들을 페르시아인이라 부른다. 그리스의 역사가 헤로도토스Herodotos는 《역사Historiai》에서 "그들은 하늘 전체를 제우스(아후라 마즈다)라고 부른다"*라고 기록했다. 이어서 페르시아인에 관한 더욱 놀랄 만한 이야기가 등장한다.

내가 아는 한, 그들은 신상神像이나 신전이나 제단을 세우는 것을 타당하지 않다고 생각하며, 심지어 그런 행동을 하는 이들을 바보라고 비난한다. 그들은 우리 그리스인과 달리 신이 인간의 형상을 하고 있다고 여기지 않기 때문

---

* 이하 《역사》 인용은 다음 책 참고할 것. Herodotos, *The History Of Herodotus*, trans. George Campbell Macaulay (Lector House, 2019).

이다.

오늘날 인류가 도달한 가장 추상적인 신 개념이 그때 이미 존재했음을 잘 보여주는 대목이다. 당시 이집트와 메소포타미아와 아라비아Arabia와 지중해 세계 전체가 따르고 있던 철의 교리는 신이 인간의 형상을 하고 있다는 것이었다. 형상만 같은 것이 아니라 인간처럼 사고하고 행동했다. 그러나 페르시아인은 신을 지상의 어떤 존재와도 연결 짓지 않았다. 대신 눈에 보이지 않으며 시간을 초월해 존재한다고 여겨지는 거대한 공간인 하늘과 결합했을 뿐이다. 그렇게 탄생한 신이 바로 '주(아후라) 지혜(마즈다)'다. 지혜는 인간의 능력 중 가장 추상적인 속성을 가지는 것으로, 특정한 장소에 가둘 수 없는 유용한 정신 활동의 총칭이다. 또한 시간과 공간을 초월한 진리다.

그때까지 페르시아를 둘러싼 고대 정주문명은 모조리 신전문명이었다. 특정 민족의 얼굴을 한 신은 그 민족을 보호했다. 예컨대 아시리아의 왕은 "나는 엘람Elam의 지구라트Ziggurat를 부숴버렸다. 그들의 신들을 바람에 날려버렸다"라고 선언했다. 그들이 보기에 민족과 수호신은 운명 공동체였기 때문이다. 다만 신앙은 쉽사리 사라지지 않으므로, 승자는 일단 신전을 부순 후 그곳의 신들을 거둬들였다. 제국의 만신전이 신상들로 차고 넘친 이유다. 바빌론Babylon 최후의 날에 얽힌 비밀도 모두 이 만신전에 들어 있다.

서기전 539년 아무것도 가진 것 없이 황무지를 떠도는 이들이 모습을 드러냈다. "가진 것이라고는 짐승 가죽밖에 없는, 과수원도 포도주도 없는 곳에 사는 이들"이 정주문명의 심장으로 들어온다는 소식이 들려왔다. 신바빌로니아*의 마지막 왕 나보니두스Nabonidus는 꼭 몽골군을 대하는 칼리프의 심정으로 수도 바빌론의 성벽을 지켰을 것이다. 지금까지 남은 석비와 여러 개의 점토판에 그때의 일이 새겨져 있으니 요약하면 이렇다.

신년 축제의 달에 나보니두스는 여전히 아라비아에 머물렀기에, 바빌론의 주신 마르두크Marduk의 거리 행진을 주관하지 않았다. 그는 달의 신 신Sin을 더 존중했기에 민중의 불만을 샀던 모양이다. 신년이 되면 모든 신은 바빌론의 거리를 행진한 다음 신전에 안치되는 것이 관습이었다. 당시 바빌론의 만신전에는 수많은 신이 있었다. 마침내 나보니두스가 돌아와 신들의 행진을 주관해 그중 일부가 만신전에 들어갔을 때, 페르시아의 키루스 2세가 군대를 끌고 도착했다. 티그리스Tigris강을 건넌 그가 맞닥뜨린 것은 강력한 수비병이 아니라 앞다투어 투항하는 인파였다. 나보니두스는 싸우지도 않고 도망쳤다. 바빌론으로 들어온 페르시아인들은 놀랍게도 칼을 차고 신전으로 들어가지 않았고, 제사의 공물을 거르지 않았으며, 평화를 선언함과 동시에 재건 활동에 집중했다. 그들은 소문처럼 야만적이지 않았다.

---

* 바빌로니아의 역사는 고(古)바빌로니아와 신(新)바빌로니아로 나뉜다. 고바빌로니아는 티그리스강과 유프라테스강 사이의 메소포타미아 남동쪽을 지배했다. 서기전 1895년 반(半)유목민인 아모리(Amori)인이 바빌론을 중심으로 세웠고, 서기전 1595년 히타이트의 침공으로 멸망했다. 이후 아시리아에 지배당하다가 서기전 627년 칼데아(Chaldea)인이 역시 바빌론을 중심으로 신바빌로니아를 세웠으나, 서기전 539년 페르시아의 키루스 2세(Cyrus Ⅱ)에게 침공당해 멸망했다.

다음은 "전 세계의 왕, 위대한 왕, 강력한 왕, 바빌론의 왕, 수메르와 아카드Akkad의 왕, 사방의 왕"이라고 자칭한 키루스 2세가 원통에 남긴 기록이다. 성경도 "고레스Koreš(키루스 2세)가 바빌론에 끌려온 유대 민족을 해방했다"라고 증언하니, 그의 자찬은 완전히 거짓은 아닐 것이다.

나보니두스는 마르두크를 경배하지 않았고, 백성에게 멍에를 씌워 끊임없이 부렸다. 그는 각자의 신전에 있던 신들을 바빌론의 신전으로 끌고 갔기에, 화난 신들은 떠나버렸다. 그래서 엔릴Enlil(최고신)은 그를 대신할 왕을 찾았고 그가 바로 나(키루스 2세)다. 나는 한 번의 싸움도 없이 바빌론에 입성했고, 모든 백성이 나를 반겨 발에 입을 맞추었다. 나는 바빌론에 있는 수많은 민족을 원래 땅으로 돌려보냈고, 바빌론으로 가져온 모든 신을 원래의 거소로 돌려보냈다. 그(나)는 아무것도 부수지 않고 황폐한 것을 복구했다. *

땅에 묶이지 않은,
우주에 편재하는 신

아시리아의 왕과 달리 키루스 2세는 페르시아의 주신 아후라 마즈다가 아닌 바빌론의 주신 마르두크의 이름으로 민족 해방자의 역할을

---

* 영국의 문헌학자 어빙 핀켈(Irving Finkel)의 해석을 참고했다.

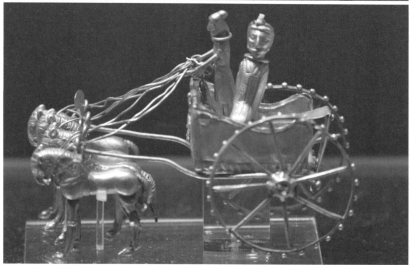

이방의 민족과 신을 터부시하지 않은 페르시아인의 독특한 정신세계가 돋보이는 유물들. 키루스 2세의 이른바 '인권선언문'이 새겨진 원통(위)에는 세계의 왕이 바빌론에 끌려온 민족들과 그들의 신을 해방한다는 내용이 새겨져 있다. 서기전 5세기경 페르시아에서 만들어진 전차 모형의 앞면에는 아이를 보호하는 이집트의 신 베스(Bes)가 새겨져 있다. 영국박물관.

페르세폴리스에 있는 아케메네스(Achaemenes)왕조 때의 궁전으로, 아시아와 유럽과 아프리카의
모든 양식이 자의식을 잊고 뒤엉켜 있다. 페르시아인의 독특한 세계관을 잘 보여준다.

자임한다. 그는 자신이 세상에서 가장 관대한 이라고 주장한다. 잡혀온 여러 민족과 그들의 신을 원래 장소로 돌려보냄으로써 정복하는 것은 완전히 새로운 방식이었다. 그들은 우리 민족과 우리 신이라는 자의식이 별로 없었던 것일까. 다시 헤로도토스의 기록을 살펴보자.

페르시아인처럼 외국의 관습을 쉽게 받아들이는 이들은 없다. 그들은 메디아Media의 복장이 자기들 것보다 더 멋있다고 입고, 싸울 때는 (편리한 대로) 이집트식 흉갑을 착용한다. 심지어 그리스에 만연한 미소년과의 동성애까지, 외국의 관습을 마구 받아들인다.

그러나 그들은 여전히 초원인의 자의식을 가지고 있었다. 헤로도토스는 페르시아인들이 절대로 강에 오줌을 누지 않고, 손을 씻지 않으며, 남들이 그렇게 하는 것도 용납하지 않는다고 썼다. 이것이 바로 조로아스터교의 위생법으로, 초원에서는 칭기즈칸의 야삭Yasaq(법)을 통해 면면히 이어졌다. 이란으로 이주한 후 농경을 받아들였지만, 페르시아인은 원래 유목민이었고, 키루스 2세도 소를 치는 목동의 손에서 자랐다. 그리고 그는 '지혜의 주' 아후라 마즈다를 믿는 이였다(조로아스터교 연구의 최고 권위자 메리 보이스Mary Boyce는 키루스 2세가 조로아스터교도였음을 확신한다).

키루스 2세가 다른 민족과 신에게 그토록 관대할 수 있었던 것은 자신의 신이 시공을 초월한 지혜 자체임을 믿었기 때문이 아닐까. 창조주는 '지혜'와 '선' 자체이기에 특정한 민족을 딱히 편애하지도 않을 것이고, 더욱이 인간의 모습을 할 리도 없는데 신상을 긁어모은들 무슨 소용이 있겠는가. 바꾸어 생각하면, 다른 민족이 믿는 신의 이름을 편한 대로 차용한들 치우치지 않는 광대한 정신인 지혜의 주가 화낼 리 만무하다. 그러기에 그들은 속민에게 아후라 마즈다를 믿으라 하지도 않았고, 구태여 그들의 신전을 파괴하지도 않았다. 페르시아는 무수한 종교와 무수한 민족이 공존하는 곳이었다. 이렇게 초원의 하늘에서 생겨난 아후라 마즈다가 오늘날의 이란 땅으로 왔고, 그곳에서 페르시아인들의 정신적 기둥이 되어, 지상에서 처음으로 세계제국이 탄생하는 데 이바지했다. 제국은 땅에 묶인 신으로 다스릴 수 없는 법이다.

하나의 신,
하지만 다른 얼굴

오늘날 대부분의 사람은 인간 사회에는 정의가 있고 자연계에는 고유의 질서가 있다고 믿는다. 그 배후에는, 무어라 특정할 수 없지만, 정의와 질서 자체인 신적 존재가 있다고 생각한다. 아후라 마즈다가 바로 그러한 존재다. 기하학이 없었다면 현대 물질문명 자체가 없었을 테니, 우리는 그리스 철학자들에게 거대한 빚을 지고 있다. 마찬가지로 이성적인 유일신을 한 축으로 하는 현대 정신문명은 페르시아인들의 신학혁명에 그만큼의 빚을 지고 있다. 사실 그들은 끊임없이 움직였으므로 신전이나 신상을 만들 수 없었다. 대신 텅 빈 하늘을 보며 눈에 보이지는 않지만 우주에 편재하는 신을 창조했다. 역설적이게도 그들은 모든 부족신을 그대로 남겨둠으로써 부족신의 시대를 끝냈고, 편재하는 유일신을 낳은 신학혁명으로 좋든 싫든 세계가 정신적으로 연결되는 계기를 만들었다. 또한 이를 바탕으로 스펀지처럼 주변 문명의 성과를 흡수해 순식간에 세계제국을 세웠다. 야훼가 부족신의 사명을 벗어나 유일신으로 발돋움할 수 있었던 것도 바로 페르시아인들의 신학혁명 때문이었다.

여담이지만 인간은 신의 형상을 물려받았을지 몰라도 그의 지혜를 물려받지는 않은 모양이다. 그래서 똑같은 하느님의 이름으로 사람마다 다르게 행동한다. 바빌론을 점령한 키루스 2세는 해방자였지만, 바그다드를 약탈한 훌라구는 철저한 파괴자였다. 키루스 2세는 적의 왕까지 살려주고 대우했지만, 훌라구는 적의 수장은 물론 항복한 민간인까지 학살했다. 몽골인은 정복자 시절에는 백성을 돌볼 책임이 없지만, 지배자가 된 후에는 책임이 생긴다고 보았다.

이렇듯 인간 세상에서 모든 혁명은 창조와 파괴의 양면성을 지닌다. 마치 오늘날의 인터넷처럼, 여러 유목집단이 정신과 물질의 모든 측면에서 세계를 유례없는 수준으로 연결했지만, 어떤 때는 키루스 2세, 어떤 때는 훌라구의 얼굴을 하고 있었다. 유목민의 얼굴은 하나가 아니었다.

7 　스키타이, 유목국가의 탄생

우크라이나 오데사Odessa에서 헤르손Kherson으로 가는 대로는 포탄을 맞은 듯 여기저기 파여 있는데, 날마저 흐리고 안개가 자욱하니 버스는 한없이 천천히 움직였다. 정거장에 도착한 버스 앞으로 택시 기사들이 우르르 몰려와 손님을 잡아끌었다. 어떤 이가 "끄름(크림Krym 반도), 끄름" 하기에 순간 혹했으나, 우크라이나와 러시아 양측의 전운이 감돌고 있어 유목문명 기행에 정말 중요한 곳인데도 갈 엄두가 나지 않았다. 다시 버스를 타고 작은 마을 니즈니 시로호지Nyzhni Sirohozy에 도착하니 어느새 밤이었다. 지나가는 아주머니에게 여관의 위치를 물으며 "오구즈Oguz 쿠르간으로 간다"라고 이야기하니, 신

나서 온갖 이야기를 들려주었다. "작년에도 미국 연구자들이 방문했다." 다행히 오구즈 쿠르간은 멀지 않은 모양이었다.

아침 안개가 자욱한 길을 따라 흙무덤을 찾아 나섰다. 그곳에는 스키타이의 왕족이나 최고 유력가가 잠들어 있을 터였다. 스키타이는 카스피해 남쪽으로 이동해 정주국가를 만든 메디아나 페르시아의 형제들과 달리, 서기전 7세기경 흑해 북쪽에서 최초의 유목국가를 세웠다. 그렇기에 혹시 몰라 말발굽을 찾아보았다. 흑해 북부의 평원에는 산도 없어, 맑은 날이면 그들이 만든 인공 산이 이정표 역할을 했을 것이다. 4킬로미터 정도를 걷다 보니, 과연 20미터 높이의 큼지막한 언덕이 눈에 들어왔다. 평원에 덩그러니 서 있는 시커먼 무덤 발치에 안개가 깔리고 인적은 없어, 나도 모르게 탄식이 나왔다. 주위의 농경지가 어찌나 광활한지, 홀로 솟은 인공 산이 처량하게 보일 정도였다. 최초의 유목국가는 그렇게 흔적만 남기고 사라졌다.

볼가강을 건넌
기마 궁술의 달인들

헤로도토스에 따르면 스키타이는 강력한 유목민족인 마사게타이Massagetae에게 밀려 볼가강을 건넌 다음, 킴메르Cimmer를 몰아내고 터를 잡았다. 드네프르강과 도네츠Donets강 사이는 왕족-스키타이가 차지하고, 그 서쪽으로 순서대로 유목-스키타이, 농경-스키타이가 자리했다. 물론 가장 동쪽의 왕족 – 스키타이가 지배자다. 그들은 누구일까. 헤로도토스는 스키타이 신화를 한 편 소개한다.

천신天神(그리스인은 뭉뚱그려 제우스라 부른다)과 드네프르강 하신河神의 딸 사이에서 태어난 타르기타우스Targitaus는 세 아들을 얻었다. 어느 날 하늘에서 황금으로 된 쟁기와 멍에, 전투용 도끼, 잔이 내려왔다. 형들이 그 성물을 잡자 불길에 휩싸였지만, 막내가 잡자 아무 일도 일어나지 않았다. 그가 스키타이의 조상이다.

여기에 덧붙여 헤로도토스는 비슷한 내용의 그리스 신화도 들려준다. "스키타이는 헤라클레스Heracles와 그들 땅의 어떤 동굴에 살던 사녀蛇女(상반신은 여자이고 하반신은 뱀) 사이에서 난 세쌍둥이 중 막내 스키테스Scythes의 후예다."

두 신화는 본질적으로 같고, 비슷하게 조작, 합성된 것이다. 앞서 살펴보았듯이 다뉴브강부터 드네프르강까지 고유럽의 삼림 – 농경지대에서는 뱀이나 물고기와 인간이 결합한 형상의 강의 여신이 오랫동안 숭배받았다. 따라서 하신의 딸이나 사녀는 그곳 현지인들이 믿은 신이었을 것이다. 한편 스키타이는 하늘을 믿는 이들이다. 그들이 믿는 하늘은 페르시아인들이 믿었던 지혜의 주 아후라 마즈다가 아니라, 인도 – 이란인들이 믿었던 더 원시적인 '아버지 하느님'이었을 것이다. 어쩌면 실질적인 위력을 가지고 있던 태양신 미트라였을지 모른다. 실제로 "(그들은) 하늘에서 가장 빠른 신(태양신)을 위해 지상

서기전 4300년부터 서기전 4000년까지. 오늘날의 우크라이나 중부에 존재한 쿠쿠테니 문화
(Cucuteni culture)의 토기 그림. 하반신이 물고기인 강의 여신이 그려져 있다. 몰도바국립역사박물
관(몰도바).

에서 가장 빠른 동물(말)을 제물로 바친다"라는 기록이 남아 있다.

정리하면 뒤늦게 드네프르강 일대로 들어온 스키타이가 토착 신앙을 자신들의 것과 결합해 통치를 정당화한 것이다. 그들은 스스로 "세계에서 가장 젊은 나라"라고 강조하는데, 신화에서 막내가 통치권을 차지한 것과 무관하지 않다. 프랑스의 비교신화학자 조르주 뒤메질Georges Dumézil은 쟁기·멍에, 도끼, 잔(성배聖杯)이 각각 생산자, 전사, 사제를 상징한다고 꿰맞춘다. 인도 - 유럽인 특유의 삼분三分 기능 체계를 적용한 것인데, 이러한 주장은 억지스럽다. 대신 서방으로 온 스키타이가 유목민을 중심으로 유목 - 농경국가 체제를 만든 과정을 설명하는 신화로 보는 것이 훨씬 자연스럽다. 동방에 있을 때 스키타이는 유목민이었으므로, 쟁기를 성물로 보았을 가능성은 적다.

강력한 힘과
미숙한 통치력

이후 거의 2,000년 동안 유목세계 내부에서는 어떤 흐름이 반복된다. 유목세계는 처음 서방에서 시작되어 동방으로 서서히 옮겨가 알타이Altai산맥을 넘어 몽골고원 동부까지 퍼져나갔다. 특히 몽골고원은 유목세계의 한 핵인데, 그곳으로 힘이 집중되면 압력을 견디지 못해 폭발이 일어났고, 그 충격파로 여러 유목집단이 당구공 튀듯 사방으로 이동했다. 이때 동쪽은 바다요 북쪽은 극한의 땅이고, 남쪽은 유목에 적합하지 않거나 성을 쌓아 대비하는 인간들이 버티고 있으니, 기후대가 비슷하고 비교적 이동이 수월한 서쪽이 탈출구가 되었다. 유목세계의 중심이 알타이산맥 서쪽에 있었던 서기전 9세기 무렵 이미 동강서약東強西弱의 형세가 고착된 듯하다. 스키타이가 흑해 인근의 초원에 도달한 때는 기껏해야 서기전 8세기 후반으로 추정된다.

비록 동방에서 밀려났지만, 볼가강 서쪽에서 스키타이의 기마 궁술은 희귀한 기술이었고, 그들은 기회를 적시에 이용할 만큼 충분히 대담했다. 처음에는 서아시아의 패자인 아시리아와 격돌했지만, 둘은 금세 화해하고 동맹을 맺어 그 사이에 있는 메디아를 쳤다. 당시 메디아는 수백 년간 이어진 아시리아의 지배를 벗어나 서아시아의 패자가 되려 했다. 복잡한 정치판에서 동맹을 이용하는 데 익숙한 아시리아는 스키타이와 손잡았고, 하루아침에 배후의 적이 생긴 메디아는 결국 패해 서기전 628년부터 서기전 600년까지 거의 30년간 스키타이의 지배를 받았다.

스키타이가 국가를 세운 것은 우연이 아니었다. 격심한 투쟁 끝에 패한 유목집단은 근거지에서 밀려나더라도 이미 철저히 군사화되었기에 대개 이주지에서 힘을 발휘한다. 흉노에게 밀려난 월지月氏가 천산天山산맥을 넘어 쿠샨Kushan 왕조를 세우고 번성한 것이나, 서방으로 밀려난 훈이 로마를 쑥대밭으로 만든 것도 비슷한 이치다. 스키타이는 강한 데다가 몇 가지 지리적 이점을 누리고 있었다. 먼저 흑해 일대에 식민지를 두고 활동하는 그리스 상인들과 교류해, 바로 배후에서 물자를 거래했다. 또한 드네프르강 서쪽의 농경민들을 복속함으로써 식량 걱정을 덜었다. 그 과정에서 농경-스키타이가 만들어졌을 것이다.

스키타이가 맹위를 떨치며 아시아를 벗어나 이집트로 향하자 다급해진 파라오는 직접 나서 화평을 청했다. 하지만 스키타이는 먼저 서아시아에 자리 잡은 메디아나 페르시아 같은 통치 기술이 없었다. 헤로도토스의 기록을 믿는다면 그들은 습격하고, 공물을 부과하고, 계속해서 빼앗을 뿐이었다. 자신들이 차지한 땅을 다스린다는 지혜를 아직 터득하지 못했던 것이다. 탁월한 정복자였는지는 모르지만, 통치자는 아니었던 셈이다. 정복자에서 지배자로 전환하지 못한 통치집단의 운명은 반란과 패배다. 메디아는 스키타이의 지배에 신물이 난 사람들과 힘을 합쳐 그들을 카스피해 북쪽으로 몰아냈다. 거기서 그들은 농경민과 공생하며 오랫동안 살아남았지만, 이후 위협적인 국가를 만들지 못했다.

헤로도토스는 이와 관련해 참으로 기괴한 이야기를 남겼다. 스키타이가 메디아를 치러 가서 거기 머무는 동안, 근거지에 남은 노예들이 모시는 부인들과 결합해 자식을 낳고는 주인들의 귀로를 막으며 저항했다는 것이다. 그들은 크림반도의 산맥에 기대어 바다까지 긴 참호를 만들고 싸웠다. 얼마나 격렬하게 저항했는지 양측 사상자가 계속해서 늘어났지만, 승부를 가릴 수 없었다. 그때 주인 측의 어떤 이가 제안했다. "우리가 무기를 들고 있으니 그들이 대등한 줄 안다. 우리가 채찍을 들면 그들은 노예임을 자각할 것이다." 과연 채찍을 들자 저항하던 노예들은 지레 겁먹고 달아났다.

특유의 길고 뾰족한 고깔을 쓴 스키타이 전사들의 모습. 이식 (Issyk) 쿠르간에서 발굴된, 무덤 주인의 친위대인 '황금 인간'(좌) 의 화려한 외양은 당시 스키타이의 융성함을 웅변한다. 스키타 이는 말을 타고 달리며 몸을 비틀어 활을 쏘는 기마 궁수들(우)을 앞세워 흑해 일대를 장악했다. 각각 카자흐스탄국립중앙박물관 (카자흐스탄)과 우크라이나역사박물관(우크라이나).

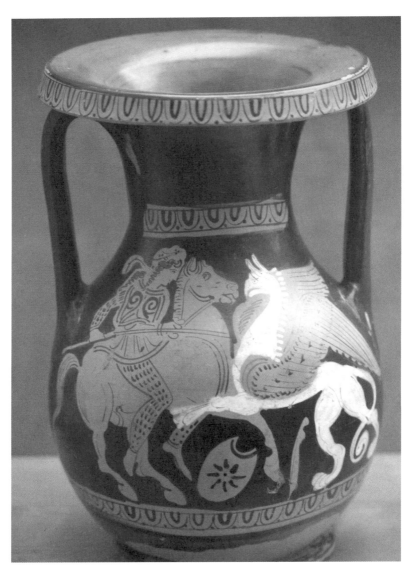

서기전 340년 그리스에서 만들어진 흑도(黑陶). 신화 속 동물 그리핀(griffin)과 싸우는 스키타이 전사의 모습을 묘사했다. 스키타이와 그리스는 경제적·문화적으로 교류했다. 예르미타시미술관(러시아).

자유의 아킬레스건,
유목문명과 노예

나는 러시아의 인류학자 아나톨리 하자노프Anatoly Khazanov의 의견을 받아들여 유목사회에 노예가 거의 존재하지 않았다고 주장한다. 유목사회는 전 집단이 비슷한 노동을 하기에 계급이 잘 분화되지 않는다. 유목생활에 필요한 각종 노동은 성격상 노예가 할 수 없을뿐더러, 초원에서는 노예제를 뒷받침할 감시 기구나 감옥이 없다. 전쟁포로라 하더라도 대를 거듭하면서 평민으로 바뀐다. 이것은 역사학과 인류학이 거의 공통으로 밝히는 바다*. 그러나 헤로도토스는 스키타이의 노예 반란을 기록했다. 무슨 까닭일까.

결론은 이렇다. 첫 번째로 명칭의 혼란이다. 왕족-스키타이는 나머지 스키타이를 다 노예로 부르지만, 그들은 예속 노예가 아니다.

---

* 또 다른 러시아의 인류학자 파벨 쿠슈네르(Pavel Kouchner)가 1925년 키르기스스탄을 원정한 후 작성한 보고서에 따르면, 그곳 북부 인구의 25퍼센트는 재산이 아예 없는 고용된 사람들이고, 30퍼센트는 약간의 재산은 있지만 가난하며, 40퍼센트는 중농(中農)이고, 5퍼센트는 일종의 귀족 계층인 부유한 바이(bai)이나 마납(manap)이라고 한다. 다만 이것은 정도의 차이를 나타낼 뿐, 실제로 계급이라 불릴 정도의 것은 아니었다. 쿠슈네르는 이렇게 설명한다. "나는 계급 투쟁을 철저하게 조사했고, 정확한 개념에 맞춰 계급의 존재를 조사했지만, 발견하지 못했다. 그곳에는 '말라이'라 불리는 고용 노동자들이 있다. …… '당신은 주인에게 1년간 얼마를 받습니까?'라고 물으면, 그들은 화내며 답한다. '나는 고용인이 아닙니다. 나는 그의 동생입니다. …… 나는 그의 형제로, 마음대로 먹고 마십니다.' …… 이곳에 존재하는 차이는 일부는 좀더 부유하고, 일부는 좀더 가난하다는 사실뿐, 명확한 계급의 구분은 없다." 쿠슈네르의 보고서는 러시아국립사회정치사문서보관소(РГАСПИ)의 다음 문서 참고할 것. Ф.62. Оп.2. Д.278. Л.60.

이는 페르시아도 마찬가지다. 베히스툰Behistun에서 출토된 비문을 보면 페르시아의 왕은 속주의 태수들을 "노예(반디카bandika)"로 부르지만, 그들은 물론 노예가 아니다. 선전적인 성격이 강한 선언문을 제외하더라도, 페르세폴리스Persepolis에서 출토된 기록들은 페르시아가 노예 대신 임금 노동자를 선호했음을 명백히 보여준다. 이런 점에서 헤로도토스가 전한 노예 반란 이야기는 아귀가 맞지 않는다. 본국의 상황을 30년이나 방치하는 지배층이 어디 있으며, 그동안 늙어버린 이들이 어떻게 말을 타고 전투를 치르겠는가. 주인의 아내를 취해 자식을 낳은 이들을 노예라 부르는 것도 타당한지 모르겠지만, 필사적으로 싸우다가 상대가 채찍을 들자 갑자기 도망쳤다는 이야기는 매우 황당하다. 다만 헤로도토스가 불과 150년 전의 일을 이야기하고 있으니, 스키타이에서 노예로 불리던 집단이 반란을 일으킨 것 자체는 사실로 보인다. 유목국가가 성립된 직후에는 분명 전쟁 노예들이 있었을 것이다. 그들은 전쟁에 패해 복속된 의부依附집단이었을 테고, 저항한 장소로 보아 전국적인 규모의 반란은 아니었을 성싶다.

두 번째로 순수한 유목사회에서 노예는 거의 존재하지 않지만, 유목-정주 복합 사회에서는 존재한다. 페르시아는 노예를 취급하지 않았지만, 신바빌로니아는 자치도시에서 노예를 사고팔았다. 스키타이는 페르시아처럼 원대한 목표를 품지 않았으니, 농경 지대에서는 노예제를 이용했을 수 있다. 헤로도토스가 《역사》를 쓸 즈음의 다른 기록들을 살펴보면, 스키타이로 끌려간 전쟁 포로는 눈이 뽑힌 다음 평생 말 젖이나 휘저으며 마유주를 만들었다고 한다. 다시 반란이 일어나지 않도록 신체를 훼손한 것이다. 이런 허드렛일에 동원되는 노예는 극소수였겠지만, 이것이 후대 유목사회에서는 보이지 않는 잔혹 행위임은 틀림없다.

세 번째로 유목사회가 노예를 쓰지 않더라도 노예 무역에는 관여했을 수 있다. 유목사회의 지배층에게 정주사회의 거대한 노예 시장은 커다란 유혹이었다. 특히 유럽 및 서아시아의 노예 시장과 모두 통하는 흑해 북부는 수요와 공급이 만나는 지점이었다. 후대에도 그곳의 유목민들은 대개 노예 무역에 가담했고, 그중에서도 크림 타타르Crimean Tatars의 악명이 매우 높았다. 아랄해 주변의 투르크멘Turkmen 약탈자들도 반은 유목민이고 반은 노예상이었다. 투르키스탄Turkistan의 농경 지대는 노예 수요가 높은 곳이어서, 그들은 괴로운 유목생활 대신 농경민을 잡아 노예로 파는 데 열중했다. 무엇보다 스키타이는 그리스 식민지들이 즐비한 크림반도와 가장 활발히 무역했다. 그리스 항아리와 식민지 건물의 명문銘文에 새겨진 스키타이식 노예 이름, 아테네에 파견된 스키타이 노예 경찰, 무엇보다 최소한 서기전 2세기부터 흑해 일대에 명백하게 존재한 대규모의 노예 교역망을 볼때, 초기 정복 과정에서 막대한 전쟁 포로를 획득했을 스키타이가 이들을 되팔았으리라 추정하는 것은 무리가 아니다. 마치 몽골이 아랍 상인들을 이용해 전쟁 포로를 처리했던 것처럼.

이렇듯 역사는 도덕의 장이 아니다. 기술 전파 같은 진보의 추세는 물론, 노예제 같은 퇴보의 추세도 감염력이 강력하다. 기마 궁술도 예외는 아니었다. 우리는 앞으로 유목세계와 정주세계가 군사적

으로 닮아가며 더 격렬하게 충돌하는 과정을 지켜볼 것이다. 세계제
국을 꿈꾸는 페르시아는 스키타이를 칠 이유가 넘쳐났다. 얼마 후에
는 동방에서 진秦나라가 전국을 통일하는 대사건이 일어나고, 그 반
작용으로 북방에는 스키타이와 비교할 수 없을 정도로 크고 잘 조직
된 유목국가, 흉노가 등장한다. 이로써 2,000년간 계속되는 남북 대
결의 시대가 펼쳐진다.

8 흉노, 최초의 유목제국

인간이 아무리 거대한 조직을 만들고 세계를 좌지우지하려 해도 자연이 그려놓은 설계도를 벗어날 수는 없다. 동과 서에서 유목세계와 정주세계의 발전 양상이 달랐던 것도 8할 이상은 자연의 조화 때문이다. 대개 몽골의 침입 이전까지 알타이산맥 서쪽의 정주세계는 원거리에서 전해지는 충격파에 간접적으로 영향받았는데, 이는 알타이산맥 동쪽의 유목민과 정주민이 직접 격돌한 데서 비롯되었다.

동쪽의 초원과 서쪽의 서아시아 – 유럽 사이에는 천연의 장벽이 가로놓여 있다. 일단 배가 아니면 건널 수 없는 광대한 흑해와 카스피해가 있고, 두 바다 사이에는 캅카스산맥이 버티고 있으니, 만년

설 아래 깎아지를 듯한 낭떠러지에 난 소로小路는 한 줄로 서도 지날까 말까 하다. 흑해 서안을 우회하고 싶어도 바다처럼 넓어 말로는 건널 수 없는 드네스트르강과 다뉴브강이 가로막는다. 다만 한겨울이 되면 드네스트르강은 꽁꽁 얼어 건널 수 있다지만, 다뉴브강은 얼지도 않으니 건널 도리가 없다. 그러나 동방으로 가면 사정은 달라진다. 황하黃河는 얕고 잘 어는 데다가 그 주위로는 말먹이가 널린 초원이 펼쳐져 있고, 음산陰山산맥 사이로는 말이 달릴 수 있는 길들이 숭숭 뚫려 있으니, 남북을 가르는 자연 장벽이 없다. 그래서 남쪽 사람들은 땅을 얻으면 지키고자, 잃으면 더 잃지 않고자 우선 성부터 쌓았다. 유라시아 동부에서 유목세계와 정주세계가 직접적으로 충돌한 것도 이런 이유에서였다.

스키타이를 찾아
황야를 헤맨 다리우스 1세

서기전 514년에서 서기전 512년 사이 어느 때 다리우스 1세Dareios I가 이끄는 페르시아의 대군이 보스포루스Bosporus해협에 임시로 놓은 다리를 건넜다. 그의 군대가 70만 명이니 80만 명이니 하는 사가들의 설은 허무맹랑하지만, 적어도 10만 명은 되었을 것이다. 다리우스 1세는 '메디아의 복수'라는 명분을 내걸었지만, 그의 실용 정신과 신중함을 고려하면 그것만이 목적일 리 없었다. 우선 그에게 그리스는 눈엣가시였다. 아나톨리아Anatolia 동부에서 반란을 일으킨 그리스인들은 본토의 지원을 받았다. 본토의 그리스인들은 흑해 무역으로 이익을 얻었는데, 그들의 동업자가 바로 스키타이였다. 스키타이를 치면 그리스가 여윈다. 게다가 속주에 반란이 일어났을 때 더 위험한 변경은 어디인가. 정주민은 느린 데다가 움직이지 않으므로 시차를 두고 하나씩 상대할 수 있지만, 유목민은 움직이고 또 빠르다. 심지어 건국자 키루스 2세도 마사게타이와 싸우다가 죽었으니까. 그러나 다리우스 1세의 진짜 목적은 다뉴브강과 드네프르강 사이에 있는 농민들의 땅이었다. 지금은 스키타이가 그곳의 부를 흡수하고 있지만, 그 땅을 잃는 순간 순수한 유목부족으로 전락할 테고, 본토의 그리스인들은 페르시아 기병대가 내려올까 봐 허튼짓을 못 할 것이다. 자신이 키루스 2세의 적통이 아니라 시기하는 이가 많은 차에 왕의 무용을 세상에 떨쳐 내부의 불만을 잠재우고 싶기도 했을 성싶다. 이처럼 복잡한 포석을 깔고 다리우스 1세는 원정길에 올랐다.

그러나 스키타이는 위대한 적수의 해골을 다듬어 술잔을 만드는 호전적인 전사들이다. 다리우스 1세의 대군이 다가오자 그들은 청야淸野 전술을 쓰며 물러난 다음 사르마트를 위시한 여러 유목부족을 모았다. 강력한 적을 만나면, 유목민들은 승리 후의 대가를 나누기로 약속하고 연합한다. 한편 다리우스 1세는 그리스인의 한 분파인 이오니아Ionia인들을 배로 먼저 보내 다뉴브강에 다리를 놓았다. 발칸Balkan반도 북부의 농민들을 쉽사리 복속시키고 스키타이의 땅에 들어섰지만 적은 흔적도 찾아볼 수 없었다. 스키타이는 초지를 황폐화하고 우물을 메운 다음 처자와 모든 짐승을 이끌고 물러났다. 초원에서 지치고 보급이 끊긴 다리우스 1세는 초조한 마음에 사자를 보내 싸움을 촉구했다. "끝없이 달아나지만 말고 항복하든지 용기가 있으면 덤벼라."

그러나 돌아온 대답은 서늘했다. "우리는 두려워서 달아나는 것이 아니다. 평화 시에도 그렇게 행동했다. 우리는 잃을 도시도 곡식을 심을 땅도 없다. 싸우고 싶으면 우리 조상들의 무덤이 있는 곳까지 와서 어디 한번 파헤쳐 보라. 그때 우리가 어떻게 나오는지 보게 될 것이다."

다리우스 1세는 적을 찾아 황야를 헤매면서 병력만 잃었다. 물도 떨어져 도저히 싸울 수 없었다. 결국 실패를 인정하고 퇴각하자, 스키타이가 따라붙어 활을 쏘고 물러나는 게릴라 전술로 대군을 괴롭혔다. 다뉴브강의 부교를 지키던 이오니아인들까지 스키타이의 말을 듣고 배신했다면 페르시아군은 엄청난 낭패를 봤을 것이다.

그 후 페르시아가 다시 한번 초원으로 원정을 떠났다는 이야기는 없다. 다리우스 1세는 현명한 왕이었다. 어차피 누구도 차지할 수 없는 땅이라면 포기하는 것이 낫다. 스키타이가 페르시아를 직접 위협할 세력도 아니었다. 비록 세계제국의 군주로서 위신은 잃었지만, 다뉴브강 이남의 땅은 목표대로 수중에 넣었다. 이렇게 페르시아의 스키타이 원정은 끝났다. 강-바다-산맥으로 이어진 장벽은 한동안 중재자 역할을 충분히 해낼 터였다.

장성이 심은
유목제국의 씨앗

거대한 자연 장벽이 없는 동방에서, 남북 대립 체제는 느리지만 강고하게, 또 철저히 인위적으로 형성되었다.

최소한 춘추시대부터 한자를 쓰던 중원인은 주위의 이민족을 융적戎狄으로 통칭했기에 도대체 얼마나 많은 융적이 있었고, 그들이 어떻게 먹고살았는지 알 수 없다. 다만 《춘추좌전春秋左傳》에 진秦나라와 진晉나라에 인접한 융적이 대부분 성곽을 갖추었다고 기록된 걸 보면, 최소한 서기전 5세기까지 기마 궁수는 나타나지 않은 듯하다. 수초水草를 찾아다니는 이민족이 많기는 했지만, 말을 본격적으로 이용하지 못했으므로 생산력은 지극히 낮았을 것이다. 그들은 차츰 중원을 차지한 강국들의 희생양이 되어 재배치되거나 흡수되었다.

《춘추좌전》은 그런 이민족의 절규를 자세히 전한다. 서기전 559년 하남河南성 육혼陸渾에 살던 어떤 융의 하소연이 대표적이다. 진나라의 집정執政이 회맹 장소에서 수장 구지駒支를 첩자인 양 몰아가며 체포하려 했다. 그러자 그는 이렇게 항변했다.

옛날 진秦나라 사람들이 숫자가 많은 것을 믿고 땅을 탐내 여러 융을 내쫓았습니다. 다행히 귀국의 군주께서 우리를 사악四岳의 후예라며 받아주고 남쪽의 편벽한 땅을 내주었으나, 거기는 여우와 삵과 승냥이가 우글대는 곳이었습니다. …… (효산崤山에서 함께 진나라를 칠 때) 마치 사슴을 잡을 때처럼 귀국이 뿔을 잡고 우리 융이 다리를 잡아 적을 이겼는데, 우리에게 무슨 죄가 있습니까. 그 이래 우리는 귀국이 하는 싸움이면 모두 함께했습니다. …… 우리 융은 음식과 의복이 화하華夏인(한족漢族)들과 다르고, 서로 예물이 오가지 않으며, 말도 통하지 않는데 무슨 해를 끼친다는 말입니까.

이렇게 읍소했건만 육혼의 융은 얼마 후 진晉나라에 흡수되었다. 그들은 먼저 국가를 세운 화하인들과 문화가 달랐으므로 교화와 타도의 대상일 뿐이었다.

전국시대에 이르러 북방 3국(진秦나라, 조趙나라, 연燕나라)은 융적을 복속하거나 변경 밖으로 몰아내고 남북을 가르는 성을 쌓는다. 그 성을 기준으로 농사지을 수 있는 남쪽 땅은 화하인들이 차지하고, 북쪽 땅은 이민족이 차지하는 형세가 된 것이다. 서기전 5세기가 되면 보병으로 성을 넘으려던 여러 융적이 사라지고, 서기전 4세기부터 호胡라는 새로운 세력이 등장하는데 이들은 말을 타는 유목민으로 기마 궁수를 보유했다. 융적이 여러 이민족을 통칭했다면, 호는 그중에서도 북방 유목민을 가리키는 셈이다. 성이라는 날카로운 구분 때문에 당시 사람들은 화하인이든 호든, 어느 한쪽 진영을 선택할 수밖에 없었다. 성의 북쪽에 있으면 호요, 남쪽에 있으면 화하인이었다.

호는 전국시대 북방 3국과 끊임없이 항쟁하며 슬금슬금 뒤로 밀리다가, 결정적으로 서기전 221년 진나라가 전국을 통일하면서 황하 이북으로 완전히 물러난다. 진나라는 알타이 유목집단들의 문장紋章을 쓰고, 페르시아의 낫 달린 전차를 활용하며, 골격 좋은 융을 병사로 받아들이고, 심지어 기병을 보병에 섞는 호의 전법을 이용해 통일을 이루었다. 문화적으로도 반은 융이었다. 그러나 진나라는 이민족과 단절되기를 원했기에 황하의 만곡부 오르도스Ordos고원에서 흉노라고 불리는 호를 몰아내고 성을 쌓았다. 그때까지 국가 체제를 형성하지 못한 흉노는 북쪽으로 밀릴 수밖에 없었다. 역설적이게도 바로이 사건으로 유목민들은 국가, 아니 그 이상의 제국을 향해 첫발을 내디뎠다. 쇠는 두드릴수록 응집력이 생기고 강해진다.

때를 기다려
유목세계를 통일한 흉노

《갈리아Gallia 전기 *Commentarii de Bello Gallico*》에 따르면 게르마니아Germania인들은 부족 사이에 큰 공지空地를 두는데, 힘이 강할수록 땅을 넓힌다고 한다. 《사기》는 오르도스고원 일대에 근거지를 둔 흉노와 흥안령興安嶺산맥 일대에 근거지를 둔 동호 사이에 공지로서 넓은 황무지가 있었다고 밝힌다. 아마도 고비Gobi사막 동부를 말하는 듯한데, 사실그 땅은 황무지가 아니라 사람들을 부양할 수 있는 초지다. 그런데도일부러 비워둔 것은 강력한 유목부족 사이의 비무장 지대로 삼기 위해서였다. 당시 초원의 또 다른 강자로 오르도스고원의 서쪽, 기련祁連산맥 일대를 장악한 월지가 있었다. 그들은 튀르크나 몽골 계통으로 보이는 흉노, 동호와 달리 인도-유럽인의 일원으로 스키타이와

월지의 터전인 기련산맥. 그 앞에 보이는 것은 가욕관(嘉□關)장성으로,
만리장성의 서쪽 끝이다.

더 가까웠다. 오르도스고원의 흉노가 진나라에 밀리면 동호, 월지와 가까워진다. 흉노가 멀리 서북쪽으로 크게 우회해 새 땅을 찾지 않는 이상 유목부족 간의 충돌은 불 보듯 뻔한 일이었다.

여러 역사적 사실을 종합할 때 유목국가는 외부의 충격에 대응하는 과정에서 만들어진다. 충격이 크면 유목세계는 조직화되고, 이어 유목국가가 들어선다. 예컨대 월지는 동쪽의 중원국가들에 옥과 금을 팔아 비단과 각종 기물을 사는 중계무역으로 이익을 얻고, 기련산맥의 목초지에서 가축을 키우며, 하서주랑河西走廊*의 오아시스 도시들에서 나는 농산물과 수공예품을 소비하는 유유한 삶을 이어갔다. 그들은 중원국가들을 침공하지 않고, 흉노에게서 인질을 잡아두어 초원의 균형이 깨지는 것을 막았다. 그러나 이제 흉노가 움직임으로써 균형은 깨질 수밖에 없게 되었다.

흉노는 등장 직후부터 북방 3국과 격렬히 싸웠기에 전투에서 두각을 보이는 자가 우두머리로 뽑힐 가능성이 컸는데, 서기전 3세기 놀라울 정도로 강한 자가 나타났으니 바로 묵특冒頓이었다. 그는 흉노의 수장(선우單于)인 두만頭曼의 큰아들로서 월지에 인질로 가 있었다. 그래서 두만은 묵특이 아니라 뒤늦게 얻은 다른 아들에게 자리를 물려줄 생각이었다고 한다. 이에 신경 쓸 게 없어진 묵특이 과감하

---

* 동쪽의 오초령(烏鞘嶺)부터 서쪽의 옥문관(玉門關)까지, 남쪽의 남산(南山)(기련산, 아미금산阿爾金山)부터 북쪽의 북산(北山)(마종산馬鬃山, 합려산合黎山, 용수산龍首山)까지의 길이 900킬로미터, 폭 100킬로미터 안팎의 좁고 긴 평지다. 복도처럼 긴 모양에 황하 서쪽에 있어 하서주랑으로 불린다.

게 월지를 공격했다. 그는 당연히 살해될 처지였으나, 용케 말을 훔쳐 타고 달아났다. 그 능력을 가상케 여긴 두만이 군대를 붙여주었는데, 사실 묵특은 딴생각을 품고 있었다. 그는 부하들을 철저히 훈련해 자신이 명적鳴鏑(신호용 화살)을 날리는 곳으로 무조건 화살을 쏘도록 했다. 그리고 마침내 때가 왔다. 사냥터에서 그의 손을 떠난 명적은 아버지가 있는 곳을 향했고, 두만은 무수히 날아든 화살의 희생양이 되고 말았다.

한동안 묵특은 천리마든 아내든 동호가 달라는 대로 다 내주며 비위를 맞췄다. 그러던 중 동호의 사신이 와서 "흉노와 우리 사이에 버려진 땅이 있다. 흉노는 쓸 수 없을 듯하니 우리가 쓰겠다"라고 전하자 출격을 결심했다. 비무장 지대를 포기하면 그만큼 뒤로 물러나야 하므로, 흉노가 설 땅이 없어지는 것이다. 그는 방심하고 있던 동호를 급습해 왕을 죽이고 인민과 가축을 거둬들였다. 이어 서쪽으로는 월지를 공격하고 남쪽으로는 오르도스고원을 수복했다. 제국의 그림이 완성된 셈이다.

마침 남방에서는 진나라가 무너지고, 유방劉邦이 항우項羽를 꺾어 재통일의 주인공이 되었으니, 북방의 흉노와 남방의 한나라가 거의 동시에 섰다. 양자는 단순한 국가가 아니라 수많은 민족을 품고, 다양한 자원을 동원할 수 있는 명실상부한 제국이었다. 과연 두 제국은 양립할 수 있을 것인가. 한나라의 다리우스 1세는 누가 될 것인가.

9 승자 없이 공멸한 흉노와 한나라

유라시아 유목사회를 오해하는 근본적인 원인은 돌궐突厥 이전까지 그들이 거의 기록을 남기지 않았기 때문이다.《리그베다》등 아주 오래된 구전 기록들이 있지만, 그조차 종교생활의 극히 일부만을 반영하므로 유목민의 일상을 살피기에는 턱없이 부족하다. 또한《리그베다》가 완성되던 시기의 인도-아리아인은 이미 온전한 유목민이 아니었던 듯하다. 이런 경우 인류학과 고고학과 문헌사학이 만나 협력해야 하는데, 인류학과 고고학은 관찰과 발굴에 상당한 자금이 소모되기에 기본적으로 열강의 학문이고, 문헌사학은 사료의 태반이 역대 제국들의 기록이라 여러 언어로 쓰인 탓에 연구 성과를 종합하기 어렵다. 이처럼 학문적 공백이 클 때 정치 권력의 담론을 퍼뜨리는 사이비 과학이 등장한다.

최근 역사에서 이를 극단적으로 악용한 이들로 나치Nazi를 꼽을 만한데, 사실 우리 주위에서도 고작 위서僞書 몇 권 읽고 입맛대로 역사를 가공하거나 타 인종 혐오를 부추기는 부류를 쉽게 목격할 수 있다. 학문의 탈을 쓰고 무지를 숨긴 채 정치 권력에 복무하는 사이비 과학은 역설적이게도 정치의 부재 속에 싹튼다.

시안西安에 있는 한무제漢武帝의 능을 가보면 그 앞에 여전히 군주를 지키듯 자리한 '소년 장군' 곽거병霍去病의 묘를 볼 수 있다. 곽거병은 무려 80년간 이어진 흉노와 한의 처절한 투쟁의 선봉에 서다가 약관을 갓 넘겨 요절한 외척 출신 장군이다. 그 묘지기 격으로 말 한 마리가 흉노 병사를 밟고 있는 모습의 마답흉노馬踏匈奴 석상이 있다. 당시 중국은 대형 석조의 전통이 얼마 되지 않아 동시대 서방의 것과는 비교할 수 없을 정도로 소박하지만, 정교함을 제거한 결과, 정치적 의도가 오히려 더 확실히 드러난다. 옹골찬 말 한 마리가 수염이 덥수룩한 흉노 병사를 밟고 있는데, 깔린 병사는 왼손에는 활을 들고 오른손에는 화살을 든 채 버둥거린다. 메시지는 단순하고 강렬하다. "말 타고 다니는 녀석들을 내가 말로 밟아주겠어." 멀리 아시리아의 전승戰勝 부조는 물론이고, 페르시아를 공격하는 그리스 병사나 켈트Celt인을 죽이는 로마 병사의 모습을 담은 석상처럼, 이방인을 이기는 장면을 묘사한 석조의 전통은 길다. 한무제는 그런 타자화의 전통을 충실히 이어 급기야 짐승 아래 사람을 두었다.

곽거병의 묘를 지키는 마답흉노 석상. 말에 깔린 흉노 병사의 표정이 괴로워 보인다.

흉노와 한나라,
정치로 갈등을 관리하다

서기전 200년 흉노가 마읍馬邑을 공격하자, 그곳을 지키던 한신韓信(토사구팽 고사의 한신과 동명이인)이 투항하는 사건이 벌어졌다. 신생 국가인 한나라의 국력을 시험한 것인지, 단순히 약탈에 나선 것인지, 국경을 다툰 것인지, 침공의 원인은 분명치 않다. 한고조漢高祖(유방)가 대군을 이끌고 나서자 묵특은 뒤로 물러나며 일부러 약한 모습을 보였다. 기세를 몰아 추격한 한고조는 본대와 떨어진 채 백등산白登山에서 흉노 기병에게 포위당했다. 사서는 40만 명이라고 전하나 작전 가능한 기병 한 군단의 최대 병력이 1만 명 남짓임을 감안하면, 총 군세는 4만 명 이하였을 것이다. 포위당한 데다가 식량까지 떨어진 한고조는 연지閼氏(선우의 부인)에게 뇌물을 바치고, 또 흉노가 원하는 조건을 들어줌으로써 가까스로 탈출할 수 있었다. 연지는 "흉노가 한나라를 얻어도 그 땅에서는 살 수 없다"라고 묵특을 설득했다고 한다. 묵특도 한나라의 본대가 곧 도착할 것이 걱정되어 한고조를 풀어주며 화친을 맺었다. 그 내용은 이렇다.

· 만리장성을 국경으로 삼는다.
· 양국이 형제의 의를 맺는다.
· 한나라의 공주를 선우에게 시집보낸다.
· 매년 흉노에게 옷감과 누룩과 곡식을 준다.

한나라는 훗날 관시關市까지 열어 화친을 공고히 한다.

한고조가 죽자 그의 부인 여후呂后가 실권을 쥐었다. 미망인이 된 그녀에게 묵특이 이런 내용의 서신을 보냈다. "나는 우마가 자라는 광야에서 사는 고독한 군주요, 폐하 또한 홀로되어 즐길 거리가 없습니다. 중국으로 놀러 가고 싶으니, 우리 서로 있는 것을 없는 것과 바꿉시다[以所有易其所無]."

흉노는 형사취수兄死取嫂의 관습이 있었는데, 묵특이 한나라와 흉노가 형제의 의를 맺은 것을 핑계로, 은연중에 다양한 의도를 내비친 것이다. 이에 격노한 여후가 흉노를 치려 하자 제부弟夫 번쾌樊噲가 냉큼 나서서 "10만 명을 주면 흉노를 꺾겠습니다"라고 공언했다. 그러나 계포季布가 나서서 강력하게 반대했다. "(한고조의) 능력으로 대군을 이끌고도 실패했는데, 번쾌 따위가 호언장담하니 목을 베어야 합니다." 정치적 식견이 남달랐던 여후는 계포의 말을 들었다.

그 결과 한고조 때 화친을 맺은 이후로 여후가 다스리는 기간까지 거의 20년간 평화가 이어졌다. 서기전 182년과 서기전 181년 흉노 우현왕右賢王의 관할 구역 남쪽 감숙甘肅성 일대에 한 무리의 흉노가 나타나 약탈에 나섰으나, 한나라는 지키면서도 반격하지 않았다. 1만 리(4,000킬로미터)에 달하는 기나긴 국경에 접한 양대 세력이 이토록 오랫동안 평화를 유지한 것은 상당히 이례적이다. 흉노는 예하 유목민들을 통제할 수 있는 명실상부한 국가였다.

한문제漢文帝 즉위 후에도 소소한 충돌이 종종 벌어졌으나, 역시 전쟁으로 비화하지는 않았다. 한문제는 참을성을 발휘해 흉노에게 화친을 재확인하는 서신을 보냈다. 선우 또한 답신을 보내며 사과했는데, 내용을 보면 싸움의 원인을 은근히 상대에게 넘긴다. "한나라의 변경 관리가 우현왕의 치소治所를 침범해, 그가 제 명을 받지 않고 싸웠습니다. …… 황제께서 흉노가 변경에 접근하는 것을 원치 않으시면 한나라의 관리와 백성을 멀리 물러 살도록 영을 내려주십시오." 물론 한문제도 지지 않았다. "한나라가 흉노와 형제가 되기로 약속했기에 선우께 보내드리는 물품이 심히 후합니다. 허나 형제의 약조를 어긴 쪽은 언제나 흉노였습니다."

누구의 주장이 옳은지 알 수 없으나 양자가 거리를 유지하며 전면전을 피하려 했음은 확실하다. 한문제 사후 한경제漢景帝도 정책을 바꾸지 않아서, 가끔 한쪽에서 일탈을 저질러도 평화가 유지되었다. 대립과 타협이라는 정치의 기본이 살아 있었던 셈이다.

천하 호구의 반을 줄인
한무제의 '이중타자화'

그러나 한무제의 등장과 함께 상황은 일변했다. 흉노는 기존의 화친 정책을 그대로 이어나가 단 한 번도 도발하지 않았지만, 조언자였던 할머니 두竇태후가 사망하고 자신의 나이도 차자 한무제는 본심을 드러냈다. 마침 선대가 쌓아놓은 식량이 차고 넘칠 정도로 비축되어 있었다. 서기전 134년 향후 유목세계와 정주세계의 나머지 국가들이 무심결에 빨려들 어떤 사건이 벌어진다. 한무제가 마읍의 성 밖으로 첩자를 보내 거짓으로 흉노와 신뢰를 쌓은 후 선우를 유인토록 한 것이다. 첩자는 훈련받은 대로 선우를 꼬드겼다. "마읍을 넘길 테니 대군을 이끌고 오십시오. 우리가 안에서 호응하겠습니다." 그 사이 한무제는 방심한 선우를 치고자 매복군을 사방에 배치했다. 제국의 황제로서 상상하기 힘든 비열한 행동이었다. 한편 선우는 변경의 큰 읍이 통째로 굴러들어 오는 줄 알고 출격했지만, 들판에 가축만 널려 있고 인적이 없었다. 괴이하게 여긴 그가 한나라의 관리를 잡아 심문하니 이내 전모가 드러났다.

격분한 선우는 화친을 파기하고 변경을 침범하기 시작했다. 싸움은 해를 거르지 않고 이어졌다. 한나라는 거침없이 흉노의 영내로 들어가 싸움을 벌여 포로를 잡아 왔고, 흉노 또한 보복전을 펼쳤다. 이때 의심 많은 한무제가 등용한 이들이 위청衛靑, 곽거병, 이광리李廣利 등의 외척이다. 사서의 과장이 상당히 심하지만, 전투가 한 번 벌어지면 쌍방 수천수만 명이 죽고, 또 그만큼 포로로 잡혔다고 한다. 그 와중에 흉노의 군왕이 죽기도 했고, 7만 명에 달하는 이광리의 군단 전체가 흉노에게 투항하기도 했다. 흉노가 강하다지만 막대한 물자를 갖춘 한나라가 고비사막 남쪽은 물론 북쪽으로도 쳐들어오자, 그들은 궁전인 선우정單于庭을 더 북쪽의 몽골고원 중심부로 옮기고 장기전을 준비할 수밖에 없었다. 기나긴 싸움 끝에 한나라는 피폐해져 쇠락의 길을 걷고 흉노도 동서로 나뉘고 만다. 결국 서기전 60년 무렵 동흉노의 선우가 한나라에 투항하며 흉노라는 제국은 붕괴 직전

한무제의 능에서 출토된 말 조상. 키가 큰 것이 파미르고원 서북부의 페르가나(Fergana)분지 일대에 사는 품종을 모델로 삼은 듯하다. 한나라는 흉노를 압도할 좋은 전마를 얻기 위해 서쪽으로 진출했다. 산시역사박물관(중국.).

에 이른다.

기억해야 할 바는 한무제가 타자화한 대상은 흉노뿐이 아니었다는 점이다. 그는 자신이 죽인 적의 수십 배에 달하는 백성을 학살했다. 그에 비하면 진시황의 폭정은 새털처럼 가벼울 정도다. 사서는 "천하 호구의 반이 줄었다"라고 묘사한다. 백성을 철저한 남으로 보지 않고서야 어떻게 그렇게 많이 죽일 수 있을까.

《한서漢書》〈형법지刑法志〉에는 한무제의 체계적 살인 메커니즘이 잘 기록되어 있다. 일단 싸움이 벌어지면 전사자와 불구자가 생기고 이들을 떠안은 가구는 가난해진다. 이어 말을 비롯한 군수 물자를 대느라 국고가 비고, 이를 보충하고자 세목이 늘어나 다른 백성까지 가난해진다. 가난해진 이들은 범죄의 유혹에 빠지는데, 황제는 오히려 형법을 강화해 범죄자를 양산한다. 이렇게 인위적으로 생긴 범죄자들에게 속죄금을 받고 풀어주며 국고를 채우는 것이다. 이처럼 원정과 빈곤과 범죄의 악순환이 이어지는 가운데 황제의 사치가 극에 달하니, 백성은 죽거나, 숨거나, 흉노의 땅으로 도망가는 수밖에 없었다. 물론 한무제가 단순히 의심된다는 이유만으로 죽인 사람들도 한번에 수만 명을 헤아렸다.

그런데 강력한 진秦나라조차 만리장성을 쌓고 남월南越과 싸우다가 겨우 열 몇 해 만에 망했는데, 한무제는 어떻게 수십 년을 버틸 수 있었을까. 그 기술을 나는 '이중타자화二重他者化'라 부른다. 이중타자화의 도식은 이렇다.

- '타자(흉노)'를 치고 있으므로 어떤 일이 있어도 힘을 합쳐야 한다.
- 동시에 싸움에서 이길 때까지 백성 또한 타자의 대우를 받아야 한다.

이것이 독재자들이 전가의 보도로 내세우는 내우외환內憂外患의 본질인데, 외적을 구실로 내부 착취를 정당화하는 것이다. 일례로 곽거병은 남는 음식조차 나누지 않는 등 부하들을 전혀 아끼지 않았다고 한다. 한무제에게 백성이 철저한 남이었듯, 곽거병에게 부하들은 흉노와 마찬가지로 남이었던 셈이다.

정치는 피아가 흑백으로 완전히 갈라지는 것을 예방함으로써 갈등을 조절하는 예술이다. 그래서 싸움이 벌어지면 화해가 따른다. 정치가 부재해 화해가 배제된 상황에서 한무제는 만리장성 안에 백성을 가두고 마음대로 학살할 수 있었다.

공멸이 낳은
새로운 기회, 실크로드

북방으로 눈을 돌려보자. 과연 유목민은 중원국가와의 싸움으로 무엇을 잃었을까. 그들은 마치 하늘에서 쏟아져 내려온 별난 종족인 듯하지만, 인류학이 알려주는 바는 정반대다. 러시아 인류학자들이 밝힌 바를 종합하면, 19~20세기 유라시아 초원에서 유목민 한 가구가 사는 데 필요한 가축 수는 양¥으로 환산해 대략 100마리에서 200마

132

리 사이였다. 돌볼 수 있는 가축 수가 정해져 있고 환경이 용납하지 않기에 200마리 이상 늘릴 수 없었고, 그렇다고 100마리 이하로 떨어지면 재생산이 불가능했다. 이런 사회에서는 잉여 자원이 발생하기가 무척 어렵지만, 빈곤 상태로 떨어지기는 아주 쉽다. 나는 야쿠츠크Yakutsk공화국 일대에서 1년 동안 늑대 무리에게 순록 수백 마리를 잃은 마을들을 목격했다. 늑대 한 마리가 양 우리에 뛰어들면 단번에 수십 마리를 죽일 수 있다. 남자가 집을 비우면 총포도 없는 아녀자와 아이들은 쉽사리 가축을 잃는다. 남자가 전쟁에 나가 차라리 죽으면 남은 가족은 다른 가구에 흡수되지만, 불구가 되면 가계에 엄청난 부담이 된다. 그러므로 유목민은 불리하면 도망치지 절대로 목숨 걸고 끝까지 싸우지 않는다. 초원에 사람이 적었기 때문이다.

평화 시기 흉노가 동서로 흥안령산맥부터 천산산맥까지, 남북으로 오르도스고원부터 바이칼호까지 차지한 직후 순간적·일시적으로 생산량이 크게 늘었을 것이다. 공지를 둘 일 자체가 없어져 초지가 늘어났기 때문이다. 선우는 이 땅을 활용해 초원 통합 전쟁에 소모된 비용을 충당하고, 제국 내 24장長의 구역을 유연하게 조정했다. 덕분에 이란계, 튀르크계, 몽골계 등 수많은 언어집단 사이의 갈등을 해결하고 중국과 접한 남쪽 국경도 관리할 수 있었다. 이렇게 북방의 안정을 유지하는 대가로 중국에서 상당한 물자를 받아왔으므로, 선우의 권위는 오랫동안 유지될 수 있었다. 바로 그때 한무제가 전면전을 걸어왔고, 타협 없는 싸움 속에서 양자는 공멸의 길을 걸었다.

양자의 대결은 세계사의 향배를 바꾸는 커다란 외부 효과를 일으켰다. 한나라는 흉노의 물자 공급원인 타림Tarim분지 일대의 오아시스 도시들을 발아래 놓고, 흉노에게 패해 서쪽으로 밀려난 유목민들을 배후 세력으로 이용하려 했다. 나아가 파미르고원 서쪽에서 전마를 공급받고자 원거리 원정도 감행했다. 그때 오아시스 도시들이 겪은 참상은 말로 다 할 수 없지만, 동서 교통로가 크게 확장되는 계기가 되었다. 이것이 바로 비단길(실크로드Silk Road)이니, 다음 꼭지의 주제다.

10 끝나지 않은 길, 실크로드

나는 정수일鄭守一 선생에게 진 빚이 많다. 지금까지 길 위에서 거의 스무 해를 보내고 있는 까닭을 안에서 미는 힘과 밖에서 끄는 힘 반 반으로 뭉뚱그린다면, 그 바깥 힘의 절반은 선생이 번역한 《이븐 바 투타 여행기*Riblatu Ibn Batutah*》다. 어느 모로코 여행가의 발자취를 따라 가면서, 나는 길 위의 삶이 그저 길을 따라가는 것이 아니라 새로운 길을 만들어 내는 나름대로 충만한 과정임을 어렴풋이 깨달았다. 선 생이 간난의 옥고를 치르며 정리한 《실크로드 사전》을 읽으면서는, 분단의 무게에 눌려 감옥에 갇힌 악조건에서도 길을 잇고자 하는 노 학자의 노고를 글자 하나하나에서 진하게 느낄 수 있었다. 그에게 실크로드는 삶 자체였을 것이다. 덕분에 실크로드가 이제 우리에게 성큼 다가왔다.

정수일 선생과 같은 대학자가 아니더라도 사실 누구나 마음만 먹으면 자신만의 실크로드사를 쓸 수 있다. 실크로드는 이미 우리 세포 안까지 들어와 벗어날 수 없기 때문이다. 너무나 방대해 개인이 정리할 수 없고, 책상물림의 좁은 소견으로 담기에 턱없이 웅장한 실크로드의 서사를 모두 아우르는 대신, 나만의 작은 실크로드사를 남기는 이유다. 우리 모두 역사 서사의 생산자이면서 소비자인 까닭에, 역사를 비틀지 않는 선에서 좀더 창의적인 소비를 고민할 필요가 있을 테니까.

문명과 문명이 교차하는
위대한 길

실크로드는 최소한 2,000년 동안 지구상에서 가장 큰 교역로였다. 위구르와 당唐나라의 견마絹馬 무역이 극성했을 8세기 말, 위구르가 1년간 판 말이 10만 마리에 달했다고 한다. 말 가격이 가장 비쌌을 때 한 마리당 비단 40필이었으니, 단순 계산해 비단 400만 필어치의 거래가 이루어졌다는 것이다. 초원에서 비단 400만 필은 쓸데가 없으므로, 대부분 실크로드를 따라 서방으로 다시 수출되었을 것이다. 이 막대한 교역량은 지금 기준으로 보아도 세계 최고의 경제 대국인 당나라를 일시적 채무 불이행 상태에 빠뜨릴 정도였다.

실크로드에서의 무역은 중국의 물품이 서방으로 곧장 수출되는 형태와 앞의 예처럼 견마 무역으로 유목민이 중국에 말을 팔고 받은 물품, 또는 중국이 유목민에게 조공으로 보낸 물품이 다시 서방으로 수출되는 형태로 크게 나뉜다. 길은 거미줄처럼 연결되었는데, 시기에 따라 달라지지만 크게 천산산맥의 남북로를 통과해 동서로 뻗어 나갔다.

전한의 외교가 장건張騫이 흉노의 우측을 무력화하기 위해 출사出師한 때(서기전 139년 첫 출사)나, 한나라의 군대가 파미르고원 서쪽에 등장한 때보다 먼저 존재한 길을 거쳐 비단은 물론 온갖 제도와 기술이 동서를 넘나들었다. 예컨대 장건이 출사하기 최소한 200년 전 만들어진 알타이 지역의 파지리크 고분에서는 진秦나라의 거울과 초楚나라의 비단이 출토되었다. 아름다운 무늬가 수놓인 초나라의 비단을 이곳까지 가져와 판매한 이들은 아마 남쪽의 진나라와 서쪽의 월지였을 것이다. 그 대금으로 받은 알타이 유목집단들의 금제품이 다시 중원으로 흘러갔을 테다.

실크로드를 따라 동서를 오간 유무형의 자산은 길의 역사만큼이나 심원한 의미를 지닌다. 이 길을 따라, 장건이 출사하기 최소한 4,000년 전 서아시아의 채도彩陶 기술이 동방으로 전해졌을 것이다. 그보다 또 몇천 년 전에는 중원의 원시 토기 기술이 서방으로 전해졌을지 모른다. 서기전 2000년 무렵에는 청동 제조 기술이 중원으로, 다시 1,000년이 흐른 뒤에는 비단을 위시한 중원의 각종 물품이 서방

알타이 유목집단들의 예술 양식을 띤 진나라의 그리핀 조형물(위)과 파지리크 고분에서 발굴된 초나라의 비단(아래). 실크로드를 통한 문화 교류가 매우 활발했음을 보여준다. 산시역사박물관.

으로 흘러 들어갔다. 800여 년 뒤 중원에 통일제국이 선 후에는 기술 수준과 생산력이 역전되어 동방에서 서방으로 가는 품목이 더 많아진 듯하다. 예컨대 유리 제작 기술은 서방에서 왔지만, 그 후예인 화약 제조 기술은 서방으로 갔다. 제지술, 나침반, 인쇄술 등도 모두 마찬가지였다.

남은 기록이 적어 아직 전모가 드러나지 않았지만, 목화 생산과 교류의 역사를 다 밝힌다면 실크로드의 의미는 훨씬 커질 것이다. 비단이 서방 사람들을 따뜻하게 했다면 인도에서 씨앗과 함께 들어온 면화棉花는 동방 사람들의 겨울나기를 완전히 바꾸어놓았다. 한반도는 이 변화에 뒤늦게 동참한 듯하다. 여러 이유가 있겠으나 실크로드에 과감히 발을 디디지 않은 결과 백성은 오래도록 추위에 시달려야 했다.

실크로드를 오간 동식물의 목록도 화려하다. 호두를 포함한 견과류, 포도, 사과, 살구, 여러 종의 박 등 각종 식물이 동서의 식탁을 풍성하게 채웠고, 종마와 낙타는 중원의 동쪽 끝부터 중앙아시아의 서쪽 끝까지 막대한 노동력을 제공했다. 온갖 동식물을 따라 병균도 오갔기에 오늘날 인류는 장거리 여행을 해도 풍토병에 잘 걸리지 않는다. 실크로드를 오간 선조들이 자신의 몸을 희생해 남긴 면역력 덕분이다.

위대한 종교와 사상, 문화, 제도의 전파는 길에 연결된 모든 세계를 다채롭게 가꾸어 나갔다. 무엇보다 실크로드 때문에 각 세계가 자신을 객관화할 수 있었다. 그 전에 동방은 서쪽 끝에 왕모王母가 사는 신산神山*이 있을 것으로 생각했고, 서방은 알타이산맥 동쪽을 괴수들이 사는 황무지로 생각했다. 물론 이 거대한 교통로의 중요한 축을 담당한 이들은 바로 유목민이었다.

그렇다면 실크로드는 우리와 상관없는 머나먼 나라들만의 이야기일까. 오히려 그 정반대다. 이 길은 한반도에 살았고, 또 살고 있는 수많은 개개인의 운명을 바꾸었으며, 우리 또한 그 길을 늘리는 데 적극적으로 동참했다. 내 가족 또한 그랬다.

이육사의 포도는 어디에서 왔을까

내 고향은 이육사李陸史와 같은 경상북도 안동시다. "내 고장 칠월은 / 청포도가 익어가는 시절 / 이 마을 전설이 주저리주저리 열리고 / 먼 데 하늘이 꿈꾸며 알알이 들어와 박혀"라는 〈청포도〉의 구절을 두고 중고생 시절 만난 스승들은 저마다 의견을 보탰다. 그 시절 안동에 청포도가 있었는지부터 의견이 갈렸다. 나는 이육사의 추종자로서 언젠가 평전을 쓰겠다고 다짐한 바 있어 관련된 옛 시가를 찾다가 고려 말의 대학자 이색李穡의 시집인 《목은시고牧隱詩稿》에서 〈청포

---

* 왕모는 중국 신화에 나오는 여신이다. 중원에서 서쪽으로 끝없이 가면 나오는 신선들의 땅 곤륜산(崑崙山)에 산다고 한다.

6세기 후반 돌궐의 수령과 만난 소그드(Sogd) 상인 안가(安伽). 실크로드를 타고 맺어진 두 세력의 우호적 관계가 잘 드러난다. 산시역사박물관.

도水精葡萄)를 발견했다.

한 조각 맑은 얼음과 수정이 엉겨
정교한 물질을 만들었으니 허공처럼 밝구나
一段清氷與水精　結成微質似空明

　청포도와 하늘空의 심상을 연결한 두 시가 왠지 비슷해 보이지만, 이육사의 시는 형상화 수준이 훨씬 높고 사상적으로도 웅장해 풍격의 차원이 다르다.

　그런데도 두 시가 비슷해 보이는 까닭은, 이색과 이육사 모두 지극히 이국적 사물로 현실을 훌쩍 뛰어넘고 싶은 열망을 표출했기 때문일 것이다. 이색은 "(포도) 홀로 중화의 맛을 체득한 것이 제일 가엽다[最憐獨得中和味]" 했고, 이육사는 "내 그를 맞아 이 포도를 따 먹으면 / 두 손은 함뿍 적셔도 좋으련" 했다. 실크로드를 따라 들어온 청포도가 없었으면 주류의 눈 밖에 난 이색과 일제와 싸운 이육사는 더욱 허기졌을 것이다.

　나는 손바닥만 한 평지도 거의 없는 안동시 길안吉安면의 시골 마을에서 태어났다. 그런데 신기하게도 뒷밭 끄트머리에 늙은 포도나무가 몇 그루 있었고, 가을이면 홍옥紅玉이 빨갛게 익었다. 일본에서 태어나 어릴 적 할아버지를 여읜 후 먹는 것이 한이 된 아버지는 결혼 후 집과 밭 주위에 과수를 빼놓지 않고 심었다. 그 덕에 나는 과자는 못 먹어도, 가을이면 과일을 실컷 먹었다. 특히 포도 한 송이만 있으면 친구들에게 몇 알씩 나눠주는 '특권층'이 될 수 있었다. 이 포도가 실크로드를 통해 중국으로, 다시 한반도로 들어왔다는 것은 대학교에 가고 나서야 알았다. 이색과 이육사처럼 나도 분명 실크로드의 수혜자였던 것이다. 그러나 정작 삶을 바꾼 것은 포도가 아니라 사과였다.

사과로 다시 쓴
실크로드의 작은 역사

우리 집은 길이 끝나는 마을에 있었다. 외지에서 들어오는 차는 마을 입구의 조그마한 공터에서 어렵사리 머리를 돌렸다. 열 살이 되기 전부터 지게를 진 아버지는 꼭 과일을 갈망하는 만큼 길을 숭배했다. 내가 초등학교에 입학할 무렵 아버지는 열 몇 가구 남짓의 주민들에게 구릉에 있는 밭까지 길을 내자고 설득했다. 하지만 길이 끊어진 곳의 비탈밭에 의지해 사는 사람들은 부지런했지만 고루했다. 평생 지게 지는 일에 익숙하고, 자기 땅 몇 평이 길에 들어가는 것을 두려워한 몇몇이 반대했다. 그래도 중론은 아버지 편이라, 본인이 제일 먼저 자기 땅을 길에 넣었다.

그러나 파석기를 단 날렵한 굴삭기가 아니라 둔한 불도저뿐이 없다는 게 문제였다. 불도저의 날은 바위에 부딪힐 때마다 툭툭 부러졌고, 밤이면 불만을 토로하러 온 사람들 때문에 집 안은 전쟁터였다.

대부분 길 닦는 일을 포기해야 한다는 의견이었다. 아버지는 처음에는 달래고 어르다가도 그 과격한 성정을 이기지 못하고 이내 소리를 높여 싸우곤 했다. 그때 아버지는 소위 '정치적 위기'를 겪고 있었지만 포기할 마음은 전혀 없었다. 그렇게 전쟁 같은 밤을 여러 번 지새우는 사이 불도저는 어느새 바위 구간을 돌파해 진흙 구간을 일사천리로 밀고 나아갔다. 그렇게 마을과 언덕 위의 농경지를 잇는 길이 처음으로 생겼다.

2018년 나는 사과에 관한 놀라운 논문을 얻어 읽었다. 오늘날 우리가 먹고 있는 대과大果종 사과는 카자흐스탄의 톈산산맥 기슭에서 나는 야생 사과(Malus sieversii, 신강야평과新疆野苹果)가 기원으로, 실크로드를 따라 전 세계로 전파되었다는 것이다. 미·중 공동 연구팀은 117종의 방대한 사과 게놈을 연구한 후 2017년 이러한 결과를 발표했다. 푸석푸석하고 밍밍한 맛이지만 크고 아름다운 이 사과는 실크로드를 오가는 이들이 즐겨 찾는 간식이었다. 그들은 과육을 먹고 남은 씨앗을 동서의 길목 어딘가에 버리거나 심었다. 그 과정에서 알은 작지만 과육이 단단하고 신맛이 나는 다른 야생 사과 종들과 자연스레 교배되었고, 이후 가치를 알아본 사람들이 육종하면서 알이 크고 맛있는 과일이 되었다.* 오늘날 사과는 바나나, 수박과 함께 명실공히 세계에서 가장 많이 생산되는 과일이며, 단위 면적당 생산되는 열

---

* 자세한 내용은 다음 웹페이지 참고할 것. "Genome re-sequencing reveals the history of apple and supports a two-stage model for fruit enlargement," *Nature Communications*, published Aug 15, 2017, https://www.nature.com/articles/s41467-017-00336-7.

량이 곡물을 능가하는 경이로운 작물이다.

　이러한 역사를 가진 사과는 내 고향의 운명을 바꾸었다. 어릴 적 사과 과수원은 큰 들판에만 있고 철조망으로 둘러쳐진 데다가 가끔 개가 지키기도 해 서리할 엄두를 내지 못했다. 우리 집의 홍옥은 예뻤지만, 사과 과수원의 부사富士에 비하면 크기도 작고 덜 달았다. 부사는 말하자면 톈산산맥 자락에 뿌리박고 있는 사과나무에서 열린 특출한 열매였던 셈이다. 하지만 그런 고고하고 큰 열매는 고향의 작은 산비탈에서는 자라지 않는 듯했다.

　그러나 길을 닦고 얼마 지나지 않아 아버지가 바로 그 사과나무를 구해와 비탈밭을 채우기 시작했다. 모두 산비탈에는 사과나무가 자라지 못한다고 입을 모았다. 그런데 온난화의 영향으로 오늘날 한반도에서는 들판에 심은 사과나무보다 언덕에 심은 사과나무의 소출이 더 좋다. 실제로 사과나무는 새로 닦은 길을 따라 점차 산으로 올라갔다. 길이 없었다면 어림도 없을 일이다. 천하장사라도 사과나무를 지게에 지고 다닐 수는 없다. 이제 고향의 산비탈은 가을이면 온통 붉게 변한다. 그 덕에 작은 시골 동네는 부촌이 되었다. 정말 실크로드는 각자의 집 앞까지 닿고, 그 과실을 우리 모두가 먹고 있는 셈이다.

　내가 이렇게 개인적인 실크로드 소사小史를 구성한 것은 거대 서사를 독점해 역사를 국가나 이념의 하수인으로 만들려는 어용 학문에 대항하기 위해서다. 현재 중국이 추진하고 있는 실크로드 프로젝트, 일명 '일대일로帶─路'가 그렇듯, 서사의 독점은 역사의 주체인 개인을 정작 역사에서 소외시킨다. 비록 많이 배우지는 못하셨지만, 실크로드를 조금이나마 늘리고자 분투하고 그 과실을 이웃과 나눈 아버지, 어머니께 이 글을 바친다.

11   유럽을 떨게 한 유목민의 대이동

거시 세계사 연구는 기폭 장치 수천 개가 서로 연결된 회로를 해체하는 일과 비슷하다. 두껍게 쌓인 세월과 무지의 먼지 탓에 서로 무관해 보이는 사건들이지만, 하나를 잘못 건드리면 전체가 폭발한다. 지구라는 인류의 터전에서는, A는 B를 촉발하고, 이어 B는 C를 촉발하고, C는 다시 A'의 뇌관을 건드린다. 다행히 우리는 이렇게 복잡한 회로를 헤쳐나간 선인들의 선택 기준이 선악이 아니라 생사였음을 점점 깨닫고 있다. 인간 사회를 추동한 힘은 분명 순백의 이타심과 선의는 아니었지만, 끝없는 탐욕과 살의도 아니었다. 다만 역사를 이끄는 건 결국 인간이기에, 마치 물리 법칙처럼 분명한 사회적 법칙이 두 개 보인다. '작용반작용의 법칙'과 '확산의 법칙'이다. 쇠를 때리는 순간 망치는 튀어 오르고, 쇠는 맞을수록 더 강해진다. 바람이 기압이 낮은 곳으로 부는 것처럼, 어느 한 지역에 공백이 생기면 순식간에 사람들이 밀려든다. 역사 연구가 심화할수록 인류는 이 지구적 연쇄 반응의 무서움을 깊이 깨우칠 것이다.

떠남으로써
싸움을 피하다

91년 후한 장군 두헌竇憲은 남흉노 선우 둔도하屯屠河의 요청에 응해 자신의 군대와 강光인 기병을 이끌고 알타이산맥의 계락산稽落山에서 북흉노를 쳤다. 이때 북흉노 측에서 참살된 이가 1만 3,000명, 전투 전후로 투항한 이가 20만 명에 이르렀다고 한다. 이처럼 큰 승리를 거둘 수 있었던 것은 한때 흉노에게 눌려 있던 동호 계열의 선비鮮卑와 오환烏桓이 이미 북흉노에게 치명적인 타격을 가했기 때문이다. 흉노의 시대는 이렇게 막을 내렸지만, 그중 핵심 집단은 알타이산맥을 넘어 서쪽으로 이동해 천산산맥부터 흑해까지의 광대한 초원 지대를 돌아다니며 여전히 제국의 후예 행세를 했다. 주인 잃은 몽골고원으로는 선비가 밀려들었다.

그로부터 10년 후 로마의 황제 트라야누스Trajanus는 다뉴브강에 다리를 놓아 다키아Dacia(지금의 루마니아 일대)를 침공해 제국의 범위를 최대로 넓혔다. 전쟁 포로 5만 명은 로마로 보내 검투사로 만들거나 노예로 팔아버리고, 그 땅에 식민지를 세웠다. 다뉴브강 양쪽으로 들어선 식민지들은 로마의 번영을 지켜주는 철옹성이 될 듯했다. 감당하기 힘든 전비를 지출했지만, 다행히 다키아는 황금 광산이 널린 땅이었다. 100년 전 로마의 첫 황제 옥타비아누스Octavianus가 이집트에서 막대한 재물을 빼앗아 내전으로 황폐해진 나라를 재건했던 것처럼 이번에도 운이 따랐다. 게르만Geruman족이 라인Rhein강과 다뉴브강에 걸친 기다란 국경을 계속해서 넘어왔지만, 받아치고 매수하고, 때로는 아예 흡수해 이후 200년을 그럭저럭 버텨냈다.

하지만 4세기 중후반부터 훈이라 불리는 집단이 동쪽에서 밀려오며 상황이 완전히 달라졌다. 겁에 질린 게르만족은 이 무서운 세력에 떠밀려 홍수처럼 로마의 국경을 넘어와 정착할 땅을 요구했다. 죽이고 죽여도 밀려드는 이민족의 홍수에 서로마제국은 결국 익사하고 만다. 특히 훈의 마지막 우두머리인 아틸라Attila는 압도적인 무력에 군사적·외교적 실력까지 갖춰 '신의 채찍'이라는 별명을 얻었다. 그가 만약 신방新房에서 갑자기 죽지 않았더라면 유럽의 역사가 어떻게 변했을지 모를 일이다. 도대체 이들은 어디에 있다가 이렇게 갑자기 몰려든 것일까.

일단 로마와 그리스, 인도 사람들은 이 유목민들을 훈으로 불렀고, 오아시스 도시의 상인들은 흉노를 훈이라 불렀으므로, 이들이 흉노 연합의 일원을 자임한 것은 분명해 보인다. 그런데 북흉노가 알타이산맥을 넘은 지 200년이 더 지난 시점에서 갑자기 동·서로마제국

452년 '신의 사자'와 '신의 채찍'이 만났다. 지금은 내용이 전해지지 않는 협상 끝에 아틸라가 군사를 물렸다. 그림은 베드로와 바오로가 교황을 호위하니 아틸라가 놀라 군사를 물렸다는 전설을 담았다. 라파엘로 산치오(Raffaello), 〈레오 대제와 아틸라의 만남(Incontro di Leone Magno con Attila)〉, 1513~14, 사도궁(이탈리아).

의 국경에 모습을 드러낸 이유는 무엇인가. 근본적인 이유는 중국 변경에서 찾을 수 있는데, 시간과 논리의 간극을 먼저 메울 필요가 있다. 우선 당시 상황을 정리해 보자. 북흉노가 몽골고원에서 쫓겨나자 그 공백을 선비 연합이 채웠는데, 이는 금방 붕괴했다. 그러자 씨족 중 탁발拓跋, 우문宇文 등은 고비사막 남쪽으로 이동했고, 유연柔然은 떠나지 않고 남은 선비 세력들을 규합해 유목국가를 세웠다. 그사이 대거 남하한 남흉노는 중원의 내란을 이용해 진晉나라를 남쪽으로 쫓아내고 화북華北에 나라를 세운다.* 이 외에도 온갖 유목민 출신 모험가들이 화북에서 군소국을 세우니 이른바 오호십육국五胡十六國이다. 이것이 대략 4세기 중국 변경의 정치적 지형이었다.

우리는 앞서 진秦나라가 오르도스고원에서 흉노를 밀어내자 그 여파로 월지가 멀리 이동한 것을 보았다. 유목사회에서 피정복 부족은 새로운 우두머리를 재빨리 인정하는 것이 보통이지만, 새 땅을 찾아 떠나는 경우도 많았다. 예컨대 요遼나라를 세운 거란契丹은 여진女眞(금金나라 건국)의 공세에 중앙아시아로 이동, 셀주크튀르크Seljuk Türk를 밀어낸 다음 서요西遼(카라키타이Kara Khitai)를 세웠고, 오이라트Oirat(서몽골)의 일파인 토르구트Torgut는 내란을 피해 볼가강 유역의 초원으로 진출한 다음 새 둥지를 틀었다. 이후 이들은 칼묵Kalmuk이

---

* 남흉노는 먼저 산서(山西)성 일대에 한(漢)나라를 세우고 화북을 평정한다. 하지만 그 예하 갈족(羯族)의 석륵(石勒)이 독립해 후조(後趙)를 세우자, 국호를 조(趙)로 바꾼다(후조와 구분하기 위해 전조前趙로 부른다). 이후 후조와 전조는 화북을 차지하고자 치열한 공방을 벌인다.

라는 이름으로 불렸다.

《진서晉書》에 비슷한 예가 자세히 기록되어 있다. 서방에서 훈이 등장하던 시기, 선비의 씨족 모용慕容의 토욕혼吐谷渾이 일단의 세력을 이끌고 요하遼河에서 서쪽으로 멀리 떨어진 청해青海성(기련산맥 일대)으로 이동하는데, 내부의 알력 다툼 때문이었다. 토욕혼은 모용의 차기 수장 모용외慕容廆의 배다른 형으로 1,700가家를 거느리고 있었다. 하루는 토욕혼 부락의 말과 모용외 부락의 말이 싸워, 모용외가 형을 나무랐다. "선공(아버지)께서 따로 봉분해 주셨는데, 어찌 멀리 거하지 않고 말끼리 싸우게 하시오?"

토욕혼이 대답했다. "말은 축생이니 싸우는 것이 본성인데, 어찌 사람에게 화를 내십니까. 멀리 떨어지는 건 쉽습니다. 내 응당 1만 리 떨어진 곳으로 가리다." 이후 그는 머나먼 청해성으로 떠났다. 이렇듯 혼란기에는 겨우 몇천 명 규모의 작은 부족도 장거리 이동에 나선다. 대외 투쟁이 격렬한 시기에 계승 분쟁까지 벌어지면 부족이 멸망할 것이므로, 토욕혼은 떠남으로써 싸움을 막은 것이다. 두 부락의 말이 싸웠다는 것은 남쪽으로 내려온 유목집단 사이의 거리가 그만큼 가까웠다는 사실을 알려준다. 물론 토욕혼이 청해성 일대로 들어갔을 때, 원래 거기 있던 강인과 소小월지* 일파도 어딘가로 떠나야 했을 것이다.

---

* 흉노에게 밀려 천산산맥을 넘은 월지를 대(大)월지로, 그렇지 않고 남은 월지를 소월지로 부른다.

기후 변화에 떠밀린
'신의 채찍'

이렇게 밀려온 유목민이야말로 가장 야만적이고 잔인하다. 생존을 위해 그들에게 필요한 이는 아틸라 같은 전사다. 고대 인도의 제의 슈라우타Shrauta의 정점인 마제馬祭(아쉬바메드하Ashvamedha)는 독특한 사전 절차를 거친다. 연초가 되면 연말에 희생될 종마를 풀어준 다음, 군주의 호위병들이 따라다니며 맞닥뜨리는 세력과 무조건 싸운다. 싸움에 도덕적 명분은 필요 없다. 자기 말이 돌아다니는 범위 안에는 누구도 들어오지 말라는 경고다. 바꿔 말해 말이 닿을 거리에 있다는 것은 충분한 공간을 두지 못했다는 뜻이다. 서방에서 아틸라는 신의 채찍이었겠지만, 그 또한 밀리고 밀려서 서쪽으로 갔을 뿐이다. 이 과정에 정치적 상황과 자연재해가 복합적으로 작용했다.

유연이 몽골고원을 차지했지만, 애초에 똑같은 유목민 출신인 데다가 하루가 멀다고 서로 싸우며 전투 기술을 익힌 남쪽의 유목국가들은 그들을 무서워하지 않았다. 특히 탁발씨가 세워 훗날 화북 전체를 통일하는 북위北魏는 수시로 북방을 원정해 유연이 감히 넘볼 틈을 주지 않았다. 나라에 필요한 자원을 중국에서 얻지 못할 때, 접근 가능한 대안은 서쪽 반건조 지대의 오아시스 도시들이다. 해당 지역으로 진출한 유연은 걸림돌이 되는 세력들을 밀어냈다. 실제로 《북사北史》〈서역전西域傳〉을 보면 유목국가를 세울 정도로 강성했던 키다라Kidara가 유연에 밀려 힌두쿠시Hindu Kush산맥과 아무다리야Amu

Dar'ya강 사이의 박트리아Bactriana로 들어갔다는 내용이 나온다. 유연이 천산산맥을 넘어 키다라를 압박한 것은 시르다리야Syr Dar'ya강과 아무다리야강 사이의 초원 지대(트란스옥시아나Transoxiana)와 그곳의 오아시스 도시들에 접근하기 위해서였을 것이다. 바로 이때부터 훈이 서방을 압박하기 시작했다. 곧이어 월지의 지파인 에프탈Ephtalite이 유연과 같은 경로로 진출, 키다라를 멸망시킨다. 같은 시기 로마는 아틸라의 맹위에 점차 궁지로 몰리는 중이었다.

이제 훈이 서쪽으로 이동한 정치적 원인은 대략 밝혀졌다. 천산산맥 서쪽 사면의 오아시스 도시들을 두고 서쪽의 키다라, 에프탈과 동쪽의 유연이 경합한다면, 다른 집단들은 끼어들기가 쉽지 않았을 것이다. 때마침 서남쪽에는 쇠약해진 파르티아Parthia를 멸망시키고 들어선 페르시아의 사산Sasan왕조가 해당 방면으로 유목민들의 진출을 가로막고 있었다. 그러자 키다라, 에프탈도 사산왕조와 경쟁하거나 연합하며 유목민들의 남진을 막는 데 집중했다. 그러니 유연을 제외한 유목부족들은 오아시스 도시들에 대한 접근권을 상실한 채 서쪽으로 길을 틀었을 것이고, 이 물결에 훈도 휩쓸렸을 것이다. 하지만 이것만으로는 노도와 같은 유목민들의 이동이 다 설명되지 않는다. 비록 작지만 교역할 오아시스 도시들은 트란스옥시아나 밖에도 있었다. 그렇다면 유목민들은 서쪽의 부에 이끌렸던 것일까.

오래전부터 서구 학자들은 3~4세기 이상 계속된 고온 현상을 유력한 원인으로 보고 연구했다. 그러나 기온과 강수량은 해마다 편차가 대단히 크고, 또한 중앙아시아의 기후 변화를 관측한 자료도 부족해 어려움이 있었다. 그러던 차에 얼마 전 중국 칭하이성 두란都蘭현과 우란烏蘭현에서 2,000년 이상 자란 향나무의 나이테를 분석, 강수량을 추정한 연구가 진행되었다. 결론은 338년부터 377년까지 40년 동안, 이 지역에 혹독한 가뭄이 들었다는 것이다.* 그리고 바로 그곳이 한때 월지가 살았던 초원 언저리다. 훈은 375년 무렵 볼가강을 넘어 동유럽으로 들어갔다. 천산산맥과 알타이산맥 일대의 상황도 그러했다면, 시기상 가뭄은 유목민들의 이동 원인으로 충분히 볼 만하다. 일군의 유목민은 좀더 습한 남쪽으로 향했을 것이고, 그럴 수 없는 이들은 서쪽으로 향했을 것이다. 아직 가정에 불과하고 훨씬 많은 자료가 쌓여야 판단할 수 있겠지만, 정치적 상황과 자연재해가 얽히고설키며 훈이 서쪽으로 밀려갔다면, 이 무자비한 신의 채찍에게 약간의 연민을 품을 수 있을 듯하다.

정복의 역풍,
완충 지대의 역설

그런데 로마의 변경은 왜 그렇게 쉽게 뚫렸을까. 다뉴브강이나 라인강을 따라 그은 국경은 중국의 만리장성처럼 단단했지만, 얇았다. 훈

---

* 자세한 내용은 다음 논문 참고할 것. Michael McCormick et al, "Climate Change during and after the Roman Empire: Reconstructing the Past from Scientific and Historical Evidence," *The Journal of Interdisciplinary History* 43 no.2 (2012): 169 – 220.

이 다가오자 많은 사람이 다뉴브강을 건너 로마로 피란하거나, 아니면 칼을 들고 땅을 뺏으러 왔다. 하지만 그보다 더 많은 사람이 훈의 편에 붙어버렸다. 카이사르Caesar부터 시작해 로마의 황제들은 무자비한 살육과 회유를 병행하며 식민지를 늘려나갔는데, 그 결과 다뉴브강과 라인강 일대의 완충 지대가 사라졌다. 만약 공지가 남아 있었다면 한때 갈리아인이 게르마니아인에게 맞섰듯이, 로마 북쪽 삼림 지대의 자유민들은 처음부터 훈과 맞서 싸웠을 것이다. 로마는 자신의 몸을 불리다가 스스로를 보호할 옷을 찢어버린 셈이다.

2016년 터키 남부의 시리아 난민촌 가까이서 이미 아내를 둘 둔 어떤 아랍인에게 직접 들은 이야기다. "1,000달러면 (난민촌에서) 가장 젊고 예쁜 여자를 마음대로 살 수 있어. 돈을 모아 살 거야." 돈으로 동족을 사겠다는 그가 미웠다. 시리아인들이 고향을 떠난 일차적 이유는 내전이지만, 그 이면에는 기후 변화라는 더 무서운 요인이 숨어 있다. 과거의 기후 변화는 자연이 한 것이지만, 오늘날의 기후 변화는 인간이 초래한 것이다. 기후 변화는 문명도 무너뜨린다. 우리는 지구를 불덩어리로 만들고 있다. 신의 채찍이 언제 우리 머리 위로 떨어질지 알지 못한 채.

12   나와 남을 아우르는 통치술

한번 보살의 자비로운 손길에 스친 사나운 전사들은 승려의 인문주의적 가르침에 너무 감화되어 원초적 호전성뿐 아니라 심지어 자기방어마저 게을리하게 된 것이다.*

화북을 평정한 북위는, 하지만 150년을 채 버티지 못하고 무너진다. 북쪽 국경을 지키는 여섯 개 진鎭이 일으킨 반란이 결정적이었다. 프랑스의 역사학자 르네 그루세René Grousset는 북위가 쇠퇴한 근본적

---

* 르네 그루세, 《유라시아 유목제국사》, 김호동 외 옮김 (사계절, 1998), 121.

원인을 불교에서 찾았다. 유목민의 우위는 말馬의 힘과 호전성에서 나오므로, 정주세계로 들어와 순화되는 순간 약화할 수밖에 없다는 것이다. 그루세가 제시한 '역사의 법칙'은 정말 타당한가.

논리적으로 불교는 정복국가의 성격과 분명 맞지 않는다. 쿠샨왕조의 무대였던 박트리아에서 만들어진 《미린다왕문경彌蘭陀王問經》을 보면, 그리스계 왕 메난드로스 1세Menander I가 불교를 통치에 적용할 수 있을지 의문을 품고 나가세나Nāgasena 존자尊者에게 묻는다. "붓다Buddha는 살아 있는 누구에게도 해를 끼치지 말라고 합니다. 그러면서도 칭찬할 만한 이는 고무하고, 제어할 만한 이는 제어하라고 합니다. 제어한다는 것은 악행을 한 이의 손발을 자르고 감옥에 넣는 것이 아닙니까?"

나가세나는 왕의 질문에 분명히 대답한다. "제어하라는 것은 비유적인 것입니다. 악한 마음을 제어하고 선한 마음을 고무하며, 악행을 제어하고 선행을 고무하라는 것입니다." 그는 끝까지 신체형과 감옥을 언급하지 않는다. 사실 지구상의 모든 국가는 합법적인 최고 폭력기관이다. 폭력 없이 국가가 존재할 수 있고, 형벌 없이 왕의 권위를 지킬 수 있는가.

이런 불살생론보다 한층 더 국가와 왕의 권위를 잠식하는 것이 바로 무아無我론이다. 대대로 전사들의 사기를 고취하기 위해 왕은 영혼불멸설을 이용했다. 그러나 나가세나는 "이 몸에서 저 몸으로 옮겨다니는 것, 즉 불멸의 영혼은 없습니다"라고 명백히 말한다. 한문본에는 "인간의 이름은 육체와 감각과 행위의 취합聚合에 불과합니다"

라고 쓰여 있다. 그러니 무아론은 고귀한 왕족의 혈통을 부정하고, 왕의 신성을 부정하며, 전사의 호전성을 순화할 것이 분명하다. 이는 물론 유목민이 세운 정복국가에 더욱 치명적일 것이다.

유목과 정주의 융합을 시도한 정치적 무아론

그러나 실제 역사는 이러한 예측과 판이할 뿐 아니라 오히려 정반대다. 종교 자체는 정치 체제를 약화하지 않는다. 페르시아의 아케메네스왕조는 선악에 근거한 비非인격신론을 퍼뜨리면서도 세를 키웠고, 쿠샨왕조는 불교의 전파자를 자처하면서도 파미르고원과 힌두쿠시산맥 동서에서 거대한 군사력을 행사했다. 심지어 몽골의 훌라구는 불교도였지만, 역사를 뒤져봐도 살육 면에서 그를 능가할 사람이 많지 않을 것이다.

영리한 통치자는 이론을 가리지 않는다. 필요에 따라 비틀거나 무시하면서 교묘하게 활용할 뿐이다. 멀리 갈 것 없이 신라의 구법승求法僧 원광圓光은 유교의 오륜五倫에 "싸움에서 물러나지 말고[臨戰無退], 가려서 죽이라[殺生有擇]"라는 지극히 반反불교적 조목을 더해 세속오계世俗五戒를 만들었고, 이는 화랑이라는 준準군사 조직의 행동 강령이 되었다.

정복자로서의 행동과 통치자로서의 행동을 구분하지 못하면 유목정권이든 정주정권이든 더는 존재할 수 없다. 정주세계에 들어온 유목민은 동화되어 사라진다지만, 사실 동화되지 않으면 더 빨리 망하는 것이 순리다. 하지만 어떤 동화가 되었든 수동적이지 않았다. 유목민의 지도자들은 정치적 무아론을 적극적으로 활용해 스스로, 또 선택적으로 순화되었다.

엄연히 지배자와 피지배자가 있는 현실 정치에서 실현 가능한 최대한의 무아는, 나(아我)와 남(비아非我)의 경계를 유지하되 나의 범위에 최대한 많은 것을 포함하는 것이다. 바꿔 말해 신분 차이가 크게 두드러져서는 안 된다. 그래서 유목민은 군사력을 유지하는 동시에, 정주민의 통치 기술을 습득하고 농업 생산력을 최대한 늘리고자 했다.

예를 들어보자. 오호십육국 시절 중국 북방을 최초로 통일한 나라는 전진前秦이다. 전진은 저족氐族의 부苻씨가 세운 나라로 세 번째 황제 부견苻堅에 이르러 화북을 통일했다. 어릴 때부터 한족들에게 교육받은 부견 본인부터 탁월한 유학자였고, 그 오른팔인 한족 왕맹王猛도 몰락한 학인學人이었다. 고구려에 승려와 불경을 보내 불교를 전파한 이도 부견이다. 하지만 그는 한무제처럼 장수를 파견하고 보고를 기다리는 탁상 사령관이 아니라, 유목민의 방식으로 경기병을 이끌고 선봉에 서는 야전 사령관이었다.

전진에 이어 화북을 재통일한 북위의 태무제太武帝도 입만 열면 공맹이요, 《시서詩書》를 자유롭게 인용하는 이였지만, 흉노와 유연을 상대할 때면 직접 경기병을 이끌었다. 그와 관련해 이런 일화가 전해진다. 남흉노에 뿌리를 둔 혁련赫連씨의 하夏나라를 치는 와중의 일로,

격전 중에 그만 말에서 떨어져 사로잡힐 뻔했다. 하지만 단병접전短兵接戰으로 적장과 기병 열 명을 쓰러뜨리고 탈출했다. 이처럼 싸움터에서 그는 철저히 유목민이었다.

동시에 태무제는 목축이 아닌 농업이 천하의 대본大本이라 주장하고, 남쪽의 한족 왕조를 오히려 오랑캐(만蠻)라 부르며, 대신 자신을 중화의 적통으로 내세웠다. 그러기에 다른 유목정권을 무너뜨릴 때면, "너는 부덕하니 덕 있는 나에게 포섭되었다"라고 중국의 뿌리 깊은 이데올로기를 꼭 선포했다. 하나라를 무너뜨리고 화려한 궁성을 돌아보며 내뱉은 말이 대표적이다. "한 뙈기도 안 되는 작은 나라가 백성을 이렇게 부려먹었으니, 안 망하려 해도 그럴 수 있겠느냐." 이는 약탈을 일삼는 유목민의 군주가 할 수 있는 언사가 아니다. 심지어 그는 키루스 2세가 리디아Lydia를 정복한 다음 그 왕을 살려준 것처럼, 혁련씨의 마지막 군주 창昌을 죽이지 않고 데리고 다녔다. 정복자 태무제 자신은 불교를 배척했지만, 그의 손자들은 무서운 정복자로 남으면서도 불교도가 되었다. 그들은 오아시스 도시 하미哈密를 원정해 유연을 더욱 약하게 하고, 북위의 영역을 회수淮水 일대까지 넓혔다.

전진이나 북위가 화북을 통일한 것은 나의 품으로 들어오면 모두 '우리 편'이라는 특유의 무아론 덕분이었다. 이를 학계에서는 '호한융합胡漢融合' 체제라 부른다.

예술혁명을 촉발한
문화적 무아론

반半유목민들이 세운 북위가 정주세계에 들어오며 행사한 또 하나의 무아론은 동아시아문명 전반에 영원히 지워지지 않을 두 가지 업적을 남겼다. 하나는 정신적 유산인 불교이고, 또 하나는 물질적 유산인 석조다.

불교는 서기 전후에 이미 중국에 도달해 민간에 흡수되었지만, 사대부 지식인들의 강력한 자의식은 뚫지 못했다. 하지만 중국의 이데올로기와 관료제를 활용하는 데 실력을 발휘한 북위는 서방에서 온 종교를 이용하는 데도 아무런 거리낌이 없었다. 그들의 불교 수용은 무아의 경지에서 이루어졌다고 할 정도로 가히 혁명적이었다.

나의 영역으로 들어오면 모두 나이므로, 남의 것을 수용한다는 것에 거부감도 없고, 자존심도 상해하지 않았다. 간단히 말해 북위는 불교에서 말하는 자아에 대한 집착(아상我相)이 매우 약했기에, 처음부터 불교는 물론 함께 들어온 예술까지 온전하게 수용했다. 그 결과 5세기에 이르러 운강雲崗과 용문龍門에 거대 석굴 사원을 건축한다. 이는 한화漢化가 아니라, 인도-그리스와 로마-중앙아시아의 문화적 정수를 일시에 중국으로 끌고 온 문화혁명이었다. 그 전 중국인들은 불경은 번역해도, 자연 자체를 바꾸는 건축은 상상하지 못했다. 이들 석굴은 동시대 인도의 아잔타Ajanta석굴이나 중앙아시아의 바미안Bamyan석굴과 비교해도 규모와 아름다움에서 전혀 뒤지지 않는다.

아케메네스왕조 때 만들어진 낙쉐 로스탐(Naqsh-e Rostam)(위)과 사산왕조 때 만들어진 낙쉐 라 잡(Naqsh-e Rajab)(아래). 낙쉐 로스탐은 다리우스 1세, 크세르크세스 1세(Xerxes Ⅰ), 아르타크세르 크세스 1세(Artaxerxes Ⅰ), 다리우스 2세의 암굴묘이고, 그곳으로 들어가는 길목에 새겨진 낙쉐 라 잡은 페르시아의 각종 의식을 묘사한다. 동방의 마애 석조에 심대한 영향을 미쳤다. 페르세폴리 스 부근에 있다.

운강석굴 중 제19굴에 있는 대불. 높이가 17미터에 달한다. 이러한 마애불(磨崖佛)은 중국 예술사의 일대 혁신이었다.

중국의 오랜 역사에 이름을 남긴 나라들의 유산은 오늘날 대부분 박물관 안에 있다. 진시황과 한무제가 국고를 거덜 내가며 만든 아방궁阿房宮과 미앙궁未央宮은 불에 탄 지 오래고, 무덤 깊숙한 곳에 묻혀 있다가 운 좋게 도굴을 피한 정교한 기물들은 박물관에 갇히는 신세가 되었다. 원래의 자리를 벗어나면 역사적 의미를 반쯤 잃어버리는 법이니, 아쉬울 따름이다. 그러나 북방 유목민이 세운 나라들의 유산은 다르다. 이집트의 거대한 사원과 메소포타미아의 힘이 넘치는 부조부터 그리스와 로마의 휘황찬란한 조각과 페르시아의 절벽 무덤을 지나 인도의 석굴 사원까지, 일련의 석조 예술 전통이 중국에서 만개했다. 특히 거의 혁명에 가까운 북위의 석조는 자의식에 사로잡힌 기존의 조잡한 예술품들을 순식간에 밀어냈다. 썩지 않는 재료로 만들어져 자연 속에서 1,500년이나 꿋꿋이 자기 자리를 지키는 이 대규모 석조들은, 자칫 박물관 안에서 질식할 뻔한 중국 문화에 신선한 숨을 불어넣은 셈이다.

유라시아를 가로지른
쿠샨왕조의 유산

북위의 업적은 하늘에서 뚝 떨어지지 않았다. 역시 유목세계에서 태어나 정주세계의 핵심으로 들어가 새로운 융합문명을 만든 쿠샨왕조가 북위의 예술 선배였다. 서방의 석조 예술은 알렉산드로스의 정복 활동을 따라 동방으로 흘러들었다. 외침의 충격을 극복하고 인도를 통일한 마우리아Maurya왕조는 서방의 석조 예술을 받아들이는 데 주저함이 없었다. 그러나 이 불교 왕국은 어째서인지 불상을 만들지 않았다. 붓다가 인간이라는 사실을 중시한 것인지, 무상無常을 강조한 붓다의 철학이 물질적 불변성의 상징인 석조와 맞지 않는다고 생각한 것인지 알 수 없다. 그러나 마우리아왕조가 멸망하고 들어선 쿠산왕조는 조금도 주저하지 않고, 그리스와 로마의 석조양식을 그대로 가져와 붓다의 형상을 만들었다.

쿠산왕조의 지배자들이 불교를 통치에 적용한 방식은 고전적이고 단순했다. 불교의 교리와 정복국가의 논리가 병존할 수 없다면, 새 통치자 자신이 붓다의 대변인이 되면 될 것 아닌가. 이는 새로운 것이 아니었다. 마우리아왕조의 세 번째 왕 아소카Asoka가 인도 아대륙을 통일하기 위해 대학살을 저지른 직후 이를 공개적으로 사과하고 전륜왕轉輪王*을 자임한 역사가 이미 있었다. 쿠산왕조의 세 번째 왕 카니슈카Kaniṣka는 아소카의 길을 따라 호법왕을 자임했다. 오늘날 우리가 보는 불경은 카니슈카의 결집結集** 덕이 크다. 그의 무아 행각은 예술로 이어져 그리스와 로마의 신상을 불교와 접목하는 결과를 낳았다. 이로써 아소카의 석비에서 법륜法輪과 사자로 상징된 붓다는 훨씬 현실적인 모습을 띠게 되었다.

---

* 인도 신화에 나오는 왕으로 정법(正法)으로 온 세계를 통솔한다.

** 붓다의 설법을 수많은 제자가 모여 함께 정리하는 행위를 말한다. 카니슈카는 총 네 번의 결집을 이끌었다.

카니슈카의 모습을 본뜬 석상. 2세기 마투라(Mathura)에서 만들어졌다. 서방에서 밀려온 석조 양식은 동방에서 꽃피웠다. 그 전달자는 유목의 피를 반쯤 이어받은 자들이거나, 정복에 나선 유목민들이었다. 마투라박물관(인도).

카니슈카가 얼마나 신실한 불자인지는 명백하지 않다. 그는 아소카의 전통을 따라 모든 종교에 관용을 베푼 듯하다. 쿠샨왕조가 만든 주화에는 그리스와 이란과 인도의 신들이 공존한다. 다만 불교를 통치에 최대한 활용한 것은 확실하다. 그들은 통치자의 모습을 본뜬 불상, 또는 통치자와 함께 선 불상을 만들었다. 이렇게 쿠샨왕조 치하의 간다라Gandhara(지금의 파키스탄 일대)와 마투라 두 곳에서 동시다발적으로 제작된 불상은, 당시 막 짓기 시작한 석굴 사원 안으로 들어간 다음 지체하지 않고 중앙아시아의 오아시스 도시들을 가로질러 동쪽으로 이동했다. 서방에서 쿠샨왕조가 시작한 흐름을 동방에서 북위가 받아냈다. 오늘날 동아시아의 정신적·물질적 세계는 이 두 세력에 커다란 빚을 지고 있다.

정치적 무아가 커질수록 문화적 무아도 커진다. 보살이 정말 자비롭다면 그 손길은 유목세계와 정주세계에 모두 미칠 것이다. 정복전이 끝나고 반유목민이 문민 통치자로 바뀌는 속도가 적절하지도 창조적이지도 않으면, 그들은 당장 몰락한다. 오호십육국 시절 전진과 북위를 제외한 북방의 수많은 군소 정권이 세워지기 무섭게 사라진 데서 이 법칙의 강고함을 확인할 수 있다. 그러므로 그루세의 이분법은 편견을 조장할 가능성이 크다. 현실에서 정주사회와 유목사회는 선과 악에 고착되지 않고 한계를 극복하며 서로를 끊임없이 배워간다. 그리고 쿠샨왕조와 북위가 그랬듯이, 유목문명의 근원에서 출발한 이들은 가끔 정주문명을 훨씬 뛰어넘는 유연성을 보여주며 인류사에 커다란 자산을 남긴다.

13 자유를 가둔 정주문명의 중세

2019년 5월 알타이산맥의 러시아 쪽 사면에는 여전히 계절이 뒤섞여 있었다. 남향의 너덜에는 거뭇거뭇한 돌이끼 위에 진달래가 붉게 파도치고, 그 아래 평지에는 아지랑이가 넘실거렸다. 계곡 가까이에는 하얀 자작나무와 붉은 소나무가 번갈아 가며 색을 더하는데, 버드나무숲 사이로 난 강을 따라 고원에서 내려온 얼음덩이들이 이리저리 부대끼며 흘러갔다.

반대편, 곧 몽골 국경 근처로 눈을 돌리자 마치 티베트Tibet고원 같은 고산 평원 지대가 펼쳐졌다. 넓은 품 안에 물이 풍부해 최소한 4,000년 전부터 유목민들의 황금 목장이자 이동로였다. 타샨타

Tashanta초원에 흩어진 수백 개의 자그마한 쿠르간은 여전히 이정표와 경계 역할을 했다. 쿠르간은 원래 높지 않은 데다가 세월에 눌려 어떤 곳은 길이, 어떤 곳은 목동의 놀이터가, 어떤 곳은 심지어 쓰레기장이 되었다. 여전히 쿠르간 아래 누워 있을 누군가에게 물어보았다. "당신의 무덤 위에 길이 난 것을 아시오? 바람이 길을 흔드는 소리를 듣고 있소?"

3,000년 동안 흙과 함께하고, 이제 바람 자체가 되었을 이가 일어나 대답할 리 없었다. 스산한 국경의 여관에서 끝없이 밀려드는 상념과 악몽에 뒤척이다가, 아침 일찍 쿠르간으로 가 미처 하지 못한 말을 전했다. "편안히 주무시오. 여전히 양과 소가 지나고 있다오. 그대들이 만든 표지를 따라 길이 나고 엔진을 단 수레들이 움직이고 있다오."

하층민 배제와
착취의 역사

이야기는 벌써 중반에 접어들어, 역사학자들이 중세라 부르는 시대에 닿았다. 앞으로 우리는 돌궐이 선대의 흉노도 이루지 못한, 동서로 뻗은 거대한 유목벨트를 형성하는 과정을 볼 것이고, 멀리 남방 티베트고원에서 불꽃처럼 일어났다가 물러난 토번吐蕃의 활약을 볼 것이며, 급기야 몽골이 세계제국으로 우뚝 서는 순간을 볼 것이다.

한 가지 알아야 할 것은 역사인류학과 기존 역사학(정치사 위주)의 인간을 보는 시각이 다르다는 점이다. 정치사는 위에서 인간을 내려다보지만, 역사인류학은 아래에서 올려다본다. 무력을 행사하고 기록을 주도하는 단위인 국가는 탄생 이후 끝없이 스스로를 강화했으므로, 역사인류학도 그 구속을 벗어날 수 없다. 하지만 역사인류학은 인류의 여정이라는 초거시적 맥락에 서되, 당대 대다수 인민의 삶이라는 미시적 기준으로 역사를 재평가한다. 그러므로 영웅을 이야기하면서도 그를 위한 찬가는 부르지 않는다. 100보 밖에서 화살로 적의 목을 꿰뚫은 영웅의 일화를 강조하는 대신, 북방에서 양을 키우고 남방에서 곡식을 기르던 인민들에게 삶은 어떤 의미였을지 고민한다. 이제 편의상 서양사의 시대적 기준을 따라 정주세계의 중세, 즉 대략 5세기부터 1,000년 동안의 역사를 되짚어보려 한다. 과연 바람 부는 초원보다 살 만한 곳이었던가.

중세를 화두로 두면, 복잡하게 얽히고설킨 세력들이 키를 두고 경합하는 사이 어느새 어두운 대양으로 내밀린 거대한 배가 떠오른다. 그들은 어찌어찌 파도를 헤치며 오늘날까지 배를 몰아왔지만, 기록들을 검토할수록 정주세계의 중심에 살던 이들은 선대보다 그리 행복한 삶을 산 것 같지 않다. 당시에도 지식은 축적되었고, 사회를 구성하는 몇몇 측면은 분명 발달했다. 하지만 1,000년 이상 인간 사회는 기술적으로 크게 진전하지 못했고, 근본적인 생산력의 한계 때문에 어떤 부분의 발달은 다른 부분의 희생을 요구했다. 그중 특히 발달한 것이 중앙 집권적 통치 기술이었다. 이 기술은 사회의 근간인 생산자와 하층민을 다루는 데 유독 특화되어, 그들을 끊임없이 희생시켰다. 그 결과 서방에서는 마침내 '농노農奴'가 출현해 강고한 중세가 성립한다. 처음부터 강조했듯이, 문명의 마지막 척도로서 자유를 포기하지 않는다면, 농노의 삶은 문명과 거리가 멀었다.

역사를 돌아보면 인류는 언어에 기반을 둔 기술로 생물계의 우두머리가 되었다. 토기를 만들어 음식을 저장하거나 조리했고, 관개 기술과 야금술을 개발해 농업 생산력을 획기적으로 높였으며, 문자를 도입해 지식을 다른 시공간으로 전달하고 발전시켰다. 유목민들도 이 대열에 합류해 우마와 수레를 활용, 인간의 활동 범위를 초원 깊숙한 곳까지 넓혔다. 그러나 이 모든 기술은 중세가 시작되기 전에 이미 꽃피운 것이다. 중세에도 분명 기술과 생산력은 나아졌지만, 이를 상쇄하고 남을 만한 파괴가 항상 뒤따랐다. 제국을 기준으로 보면 외적인 파괴는 전쟁이었고, 내적인 파괴는 상층부의 음모로 벌어지는 내전과 하층민 착취였다.

파이의 크기가 변하지 않으면 남이 사라져야 내 몫이 커진다. 중세의 경쟁에서 사라져야 할 이들은 물론 통치권과 거리가 먼 하층민들이었다. 5,000년 전 수메르의 지배자들은 문명과 통치권의 관계를 깊이 파악하고 있었던 듯하다. 수메르 역사 연구의 세계적 권위자인 새뮤얼 노아 크래머Samuel Noah Kramer가 정리한 바에 따르면, 그들이 문명의 지표로 제시한 첫 번째가 '통치권'이요, 두 번째가 '고귀하고 영구한 왕권'이며, 그 뒤로 '왕좌', '고귀한 홀', '왕족의 기장' 등이 이어진다. 기실 모두 통치권과 관련된 것들이다. 그다음 범주는 국가의

〈함무라비(Hammurabi) 법전〉이 담긴 2.25미터 높이의 석비. 282조의 법조문이 설형 문자로 빼곡히 새겨져 있다. 〈함무라비 법전〉은 노예를 물건으로 본다. 이처럼 문자는 권력이다. 루브르박물관(프랑스).

수호신들과 그들을 모신 신전을 관리할 사제들이다. 다시 말해 '신권'이다. 이후로 전투 규범, 법, 예술, 도시, 건축 기술 등이 뒤따른다. 왕권과 신권을 동시에 잡은 이가 피라미드의 꼭대기에 선다. 중세가 도래할 무렵 로마인들도 마치 예언 같은 이 명령을 비슷하게나마 이행하고 있었다.

군국주의의 강화, 농노의 탄생, 기독교의 확장

공화정 시기 로마는 정복전을 펼쳐 벌인 살인의 대가로 계속 부유해질 수 있었다. 그러나 트라야누스가 다키아 원정에서 금광을 발견한 것을 마지막으로, 즉 정복이 대략 완수된 직후부터는 끝없이 늘어진 국경을 지키는 데 모든 에너지를 쏟아부을 수밖에 없었다. 그사이 이웃한 세력들은 로마와 싸우며 그들의 군사적·기술적 장점을 모두 흡수했다. 3세기에 이르면, 카이사르가 갈리아인, 게르마니아인과 싸울 때 로마 수준의 장비와 전술을 갖추지 못한 아둔한 이웃은 없었다. 로마가 제정으로 돌입한 근본적 이유는 영토가 확장되고, 그 과정에서 끊임없이 두드린 철이 칼로 변했기 때문이다. 사방의 적과 싸울 때 사회는 군사령관 황제를 원한다.

계속된 싸움은 인간의 품성을 바닥까지 끌어내린다. 외적을 앞에 둔 상황에서 제국 내부에 적이 생기면, 충분히 제압할 만하다고 판단

한 순간 통치자들은 야비할 정도로 무자비해졌다. 5현제 중 한 명인 하드리아누스Hadrianus도 그런 이였다. 팔레스타인의 유대인들이 로마의 군단을 제압하고 독립을 요구하자, 하드리아누스가 파견한 세베루스Severus는 그 땅을 포위한 후 50만 명을 죽이고, 살아남은 이들은 노예로 팔아버렸다. 135년 반란이 진압되었을 때 남은 건 완전한 폐허뿐이었다. 황제권의 세습이 확립되기 전까지는 군인들이 선출했기에 황제는 수없이 바뀌었지만, 군국주의와 전제 정치를 향한 추세는 변함이 없었다. 끝없는 전쟁과 내전, 동서의 분열 상황에서 이기적인 귀족들이 주도하는 공화 정치는 작동하지 못했다.

이렇게 통치권이 소수의 수중에 포획되는 동안, 중간층은 파괴되고 하층민은 대지주의 하인이 되거나 떠돌아다닐 수밖에 없었다. 공화정 시기 이기주의의 극치를 보여준 귀족들이 대저택과 대농장을 꾸준히 늘리는 사이, 제국의 엄청난 군비를 감당하지 못한 기층민은 직업과 토지를 버리기까지 했다. 도망자가 점점 증가하자 마침내 322년 콘스탄티누스 1세Constantinus Ⅰ가 소작농의 이동을 제한하는 조치를 취했다. 이로써 땅에 묶인 계급, 즉 농노가 탄생했으니, 인민(상층민)의 인민(하층민) 지배 체제가 만들어진 셈이다. 농노제는 여러 부침을 겪었지만 점차 강고해져 중세의 대표적 제도로서 1,000년 이상 유럽을 장악했다.

이처럼 사회가 군국주의에 물드는 와중에 기독교라는 종교 권력이 등장했다. 기독교도들은 성경이라는 경전에 근거한 일신교 사상에 따라 순교마저 불사함으로써 황제들에게 강력히 견제받았다. 하지만 그럴수록 오히려 끈끈한 형제애를 발휘해 교회 조직을 강화하고, 여성과 하층민을 포용함으로써 계속 세를 불려 나갔다. 그러자 정치 권력은 돌연 태도를 바꿔 기독교의 수호자를 자임했다. 영민하게 움직인 이는 농노제의 시작을 알린 콘스탄티누스 1세였다. 이기지 못할 적은 동지로 삼으라!

동방으로 터를 옮긴 로마의 황궁이 커질수록 교회도 따라 커졌다. 유스티니아누스 1세Justinianus Ⅰ가 다스리던 6세기 초 콘스탄티노플Constantinople의 성당 아야 소피아Aya Sofia를 중건할 때, 일설에는 비용으로 금 145톤을 썼다고 한다. 실제 비용이 그 10분의 1이라 하더라도 웬만한 전쟁 배상금의 10년 치에 해당하는 거액이다. 그렇게 만든 성당은 분명 제국의 구심점 역할을 했지만, 여전히 생산을 위한 공장은 아니었고, 따라서 모든 부담은 하층민에게 돌아갔다. 종교는 제국의 신민들에게 위안을 제공했지만, 문제는 위안을 얻기 위한 비용이 모두에게 골고루 부과되지 않았다는 점이다.

권력을 획득한 교회는 국가의 행태를 따르기 시작했다. 기독교가 제국의 종교가 되자 예수Jesus의 본성을 둘러싼 이단 논쟁이 벌어졌고, 교단 간의 주도권 쟁탈전은 황궁의 암투 못지않게 잔인했다. 한때 그악스레 기독교를 탄압했던 정치 권력은 이제는 약삭빠르게 승리한 종단의 비위를 맞추며 이단이나 이교도 탄압에 나섰다. 중세를 피로 물들였던 마녀사냥의 뿌리가 이렇게 깊었던 셈이다. 한참 동안 왕권과 신권은 상호 견제하며 공존했지만, 종교 권력의 힘만으로도 사회의 상상력을 가로막고 인민들에게 폭력을 행사하기에 충분했다.

정치 권력과 종교 권력의 결탁을 상징하는 아야 소피아. 콘스탄티누스 2세 때 처음 지어진 이후로 여러 차례 중건해 지금의 모습을 갖추게 되었다.

급기야 종교 권력은 천체의 운행마저 거꾸로 돌렸으니, 하늘은 지구를 중심으로 돈다는 천동설이 고착되었다. 도그마는 과학적 이성을 싫어한다. 로마의 종교 논쟁과 조선의 성리학 논쟁 간 유사성을 살펴보면, 생산력이 정체된 상황에서 벌어지는 형이상학적 논쟁이 얼마나 쉽게 제로섬 게임을 조장하는지 알 수 있다.

유목문명에
다시 한번 길을 묻다

물론 일부 정주세계는 로마보다 운이 좋았다. 동방의 물품을 사들이는 구조에서 로마의 은화는 끝없이 페르시아와 인도로 흘러 들어갔다. 중국의 중세는 확실히 서방보다 안정적인 생산력을 자랑했다. 하지만 고전기classical period 인도는 처음에는 신분과 비교적 무관했을 카스트caste를 계급 제도로 고착시켰고, 페르시아는 영토의 통일성을 상실했다. 흔히 중국에는 제도적으로 노예가 없었다고 하지만, 진秦나라는 농병農兵제를 만들어 농민의 이동을 엄격히 금했고 한나라가 이 제도를 이었으니, 실질적인 농노제는 오히려 서방보다 도입이 빨랐던 셈이다. 그리고 정주세계는 20세기 문턱까지 농노보다 몇 배는 더 비참한 거대한 노예 무리를 보유하고 있었다. 이슬람 세력들의 뒤를 이어 유럽인들은 흑인들을, 투르키스탄의 정주국가들은 페르시아인들을 노예로 부렸다. 조선의 노비 또한 노예보다 그다지 나아 보이지는 않는다.

　중세의 짙은 흔적은 오늘날에도 남아 있다. 현대에 이르러 중세의 고질병인 생산력 지체는 해결되었지만, 성을 국경으로 바꾸고 말과 화살을 전투기와 미사일로 대체한 것 외에는 파괴적 대치를 완화할 방법이 창출되지 못했다. 더욱이 농노와 대지주의 관계처럼 임금노동자와 자본가의 경제적·사회적 격차가 미증유의 수준으로 벌어지고 있다. 심지어 미국 등 일부 국가에서는 노예의 후손들이 선대의 경제적 지위를 그대로 물려받았다. 그러므로 지금, 그동안 유목사회가 세계를 이렇게 만드는 데 일조한 전과前過와 수많은 한계에도 불구하고, 미미한 생산력과 노동력을 갈무리해 공동체를 꾸려왔던 그들의 행보를 다시 돌아보고자 하는 것이다.

14　돌궐 유목민 대對 선비 반半유목민

6세기 중반부터 8세기 중반까지, '푸른 튀르크'라는 뜻의 괵튀르크 Göktürk(돌궐)가 활약한 200년 역사는 요약할 수 없는 복잡함으로 가득하다. 다만 한 가지 확실한 것은 그들이 유라시아의 인구 지도를 오늘날과 비슷하게 만든 첫 주인공이라는 점이다. 또한 단일한 중심을 가진 유목정권이 알타이산맥의 동서를 동시에 다스릴 수 있다는 것을 처음으로 보여주었다.

　히말라야산맥과 파미르고원이 정주세계를 여러 조각으로 나누듯, 알타이산맥은 유목세계를 동서로 나누고, 시베리아의 수렵-채집민과 그 남쪽의 초원-유목민을 나누었다. 심지어 몽골제국 시절에도,

주치Juchi와 차가타이Chaghatai 등 칭기즈칸의 아들들은 알타이산맥을 경계로 울루스Ulus*를 꾸렸다. 돌궐의 정치체가 기존 유목정권들보다 복잡한 것도 알타이산맥의 영향이다. 지중해를 아우른 거대한 로마는 동서의 전선을 모두 관리하느라 기진맥진했는데, 산맥의 동서를 관리하는 데는 훨씬 더 많은 자원과 복잡한 관리 방식이 필요했다.

천산산맥 동쪽에서 발원한 튀르크라는 자그마한 부족이 태평양부터 카스피해까지의 거대한 지역을 유목벨트로 묶은 것과 그 유산이 오늘날까지 이어지는 것은 불가사의다. 좁고 긴 얼굴에 수염이 더 부룩한 터키인부터 대부분의 중앙아시아인과 매끈한 피부에 북아시아인의 얼굴을 한 야쿠츠크인까지, 모두 튀르크의 후예다. 그들은 놀라운 유연성을 발휘해 유라시아 전역에 깊고 넓게 뿌리내렸기에, 몽골도 튀르크 세계로 들어가면 대개 그 일원이 되고 말았다. 실제로 사얀Sayan산맥부터 레나강까지 퍼져 있는 불교도 튀르크, 이르티시강부터 지중해까지 자리 잡은 무슬림 튀르크가 쓰는 말은 모두 튀르크어 방언으로 서로 통한다.

튀르크 세계가 커진 일차적 원인은 유목인데, 그들은 인도-유럽인이 그랬던 것처럼 동서로 움직이며 튀르크어를 심었다. 언어적으로 튀르크어 권역에 비견될 짝은 오직 인도-유럽어 권역뿐이지만,

---

* 1206년 몽골제국을 수립한 칭기즈칸은 직후 여러 아들과 동생에게 영토를 나누어 다스리게 했다. 몽골제국 전체는 칭기즈칸이 다스리지만, 동시에 제국은 여러 세력으로 구성되었던 셈이다. 이 하부 세력을 '울루스'라 한다. 원래는 부족(민족), 또는 그들의 땅을 뜻하는 말이었지만, 특정 칸의 나라라는 의미로 확장되었다. 예컨대 전체 몽골제국은 그 대표인 대칸의 나라(후대의 원元나라)라는 의미에서 카안 울루스(Qa'an Ulus)라 불렸다.

그것은 16세기 러시아의 동진이라는 단 한 번의 사건으로 만들어진 것이기에 뿌리가 얕다. 몽골제국이 출현하기 수백 년 전부터 세계화의 주춧돌을 놓았던 셈이다. 그래서 튀르크와 몽골 중 누가 더 세계를 크게 바꾸었는지 묻는다면 나는 조심스레 전자라고 대답할 것이다.

민심이 곧 천심이라는
선정의 정치사상

돌궐은 초원에서 유연을 어렵게 밀어냈지만, 6세기 중후반 들어서는 화북이 주(북주北周)나라와 제(북제北齊)나라로 양단된 상황을 십분 활용해 순식간에 세력을 키웠다. 화북의 양국이 막대한 비단을 바쳐가며 돌궐을 자기편으로 끌어들이려 했기 때문이다. 그러나 이 두 나라를 이은 통일제국 수隋나라와 당나라의 지배자들은 선비의 피를 상당 부분 물려받은 자들로, 북방을 다루는 데 대단히 익숙했다. 음모로 집권한 수문제隋文帝는 이간질의 달인이었고, 당나라의 실질적 창건자인 태종太宗은 어머니와 할머니가 모두 선비 출신으로, 중원 정치판의 의뭉스러움과 선비의 강단을 두루 갖춘 무력 군주였다. 서남방의 사정도 마찬가지여서 사산왕조의 호르미즈드 4세Hormizd Ⅳ는 '튀르크의 아들'이라고 불릴 정도로 모계가 튀르크(카자르Kajar, 또는 돌궐) 일색이었고, 그의 사령관 바흐람 추빈Bahram Chobin은 588년 돌궐의 방식으로 기병전을 벌여 그들의 바가타르칸bagha tarqan(군사 지

알타이산맥과 카나스(Kanas)호수. 튀르크는 알타이산맥의 동서를 동시에 다스린 최초의 세력이었다.

도자)을 죽인 명장이었다. 이처럼 돌궐에 비단 교역권을 순순히 넘길 호락호락한 인물들은 하나도 없었고, 심지어 사절을 모욕하고 교역을 거부하는 강수를 두기까지 했다. 돌궐은 이 어려움을 뚫고 알타이 산맥의 동서를 완전히 장악해 제국으로 거듭났다.

정치사적으로 돌궐 출현 이후 유목정권과 동로마제국 – 페르시아 – 중국으로 이어지는 남방 정주정권 사이에서 본질적 차이를 발견하기는 쉽지 않다. 이미 서로를 너무 깊이 알고 있었기에, 얕은 담장을 넘어가는 포도 넝쿨처럼 뿌리는 이쪽에 있고 열매는 저쪽에 있는 일이 다반사였다. 유목정권은 정주세계를 다스리는 법을 알았고, 정주정권도 힘만 있으면 경계 넘기를 주저하지 않았다. 그렇게 양측은 늘 충돌했지만, 사신과 상인의 행렬은 끊이지 않았고, 언제 싸움이 있었냐는 듯 가깝게 지내기 일쑤였다. 확실한 것은 동서남북의 교류가 심화하면서 역사의 인과율이 서서히 어떤 법칙으로 수렴하는 경향을 보였다는 것이다. 맹자孟子와 순자荀子를 거치며 중국에서 문서로 확고하게 정리된 선정善政의 정치사상은 초원에도 사실상 그대로 적용되었다. 즉 사람을 많이 확보하는 쪽이 승기를 잡게 되는데, 사람을 얻는 길은 오직 생명 – 생업 – 이익의 기반을 차례로 안정시키는 데 있으며, 그 순서를 바꾸면 즉시 혼란이 발생한다는 것이다.

630년 돌궐 제1제국의 멸망은 물론, 716년 카파간카간Qapaghan qaghan*의 사망 이후 제2제국의 쇠퇴는 선정 법칙의 엄연함을 웅변한

---

* 카간은 튀르크계 유목국가에서 사용하던 우두머리의 칭호다. 칸, 카안과 어원이 같다.

다.** 당시 사람들은 풀밭이든 밀밭이든 여전히 땅에 의존하며 살았는데, 지력은 잠깐 사이에 좋아지거나 나빠지지 않는다. 그러므로 지력의 한계를 넘으면 정주세계든 유목세계든 혼돈에 빠지는 것은 당연하다. 물론 상업이 존재했지만, 상품은 정주세계의 제한된 생산력에 영향받았고, 유통은 정치적 상황에 따라 언제든지 막힐 수 있었다. 돌궐은 수나라나 당나라보다 더욱 미묘한 균형을 유지해야 했는데, 생산력의 제약하에 첫째, 예하 유목부족민과 추장의 이익, 둘째, 카간의 권위와 행정력, 셋째, 제국에 봉사하는 상인-관료의 이익, 넷째, 고비사막 남부 농민의 귀속감, 다섯째, 동로마제국-페르시아-중국과 동시에 이루어지는 외교 관계가 얽혀 있었기 때문이다. 이들은 하나같이 상호 의존적이어서, 다루기가 매우 복잡했다.

많이 싸우는 자는 결국 패배한다

정복정권들이 실패하는 이유는 천차만별이지만, 힘을 얻는 동력은 간단하다. 불길이 들판을 태우며 번지듯 파괴 자체가 동력이다. 파괴

** 552년 유연을 완전히 제압하며 돌궐 제1제국이 성립한다. 하지만 수나라의 이간질로 583년 동돌궐과 서돌궐로 쪼개지고, 당나라의 침공으로 630년 제국의 근거지였던 동돌궐이, 657년 서돌궐이 무너지며 돌궐 제1제국은 멸망한다. 이후 687년 고비사막에서 서돌궐의 잔당이 돌궐 제2제국을 세우나, 친중 정책을 둘러싼 내분과 위구르의 봉기로 745년 멸망한다.

의 시기에는 뺏으면 내 것이 된다. 불길이 바다나 사막에 막혀 더 태울 것이 없더라도, 불타버린 자리에서 무성한 새싹이 돋아나므로 한동안 얻을 것이 있다. 실제로 불이 꺼진 직후, 주인 없는 벌판에 가축을 풀고 추수할 때 정복정권은 전성기를 맞는다. 그러나 다시 안정이 찾아와 더 태울 것도 얻을 것도 없어졌을 때, 균형과 안정을 이루지 못하면 붕괴의 길을 걸을 수밖에 없다.

이세민李世民(당태종)을 적수로 맞은 돌궐의 일릭카간Illig qaghan은 이 원리를 터득하지 못했거나, 알았더라도 조급했던 듯하다. 626년 이세민이 현무문玄武門의 난을 일으켜 형제를 죽이고 권력을 잡자,* 돌궐에 의지하던 한족 군벌 양사도梁師都가 일릭카간을 부추겼고, 결국 그는 장안長安까지 대군을 이끌고 내려왔다. 하지만 상대가 내란으로 혼란에 빠졌으리라 생각하고 너무 성급하게 내려온 탓에 이미 한 차례 당군에게 패배, 1,000여 명이 죽어버려 예봉이 꺾였다. 《자치통감資治通鑑》을 보면 이세민이 돌궐의 사자를 준엄하게 꾸짖는 내용이 나온다. "나는 그대의 카간과 얼굴을 맞대고 화친을 맺어, 전후로 준 금백金帛이 셀 수가 없다. 카간은 스스로 맹약을 어기고, 군대를 이끌어 깊이 들어왔으니 내게 부끄럽지도 않은가. 그대는 비록 융적이나 역시 사람의 마음이 있을 터, 어찌 커다란 은덕을 깡그리 잊고 스스로 힘을 과시하는가. 내 당장 먼저 그대를 베겠다."

---

* 이세민은 건국자 당고조(唐高祖)의 차남이었다. 장남이자 황태자인 이건성(李建成)과 격하게 권력 투쟁을 벌인 끝에, 궁전의 북문인 현무문에서 그를 죽이고 아버지를 유폐해 권력을 차지한다.

이세민이 위수渭水 남쪽에 대군을 집결시키니, 돌궐의 수령들이 먼저 와서 인사했다고 한다. 전장에서 뼈가 굵은 그는 수령들이 이익을 바랄 뿐 일심해 싸울 마음은 없음을 간파했다. 이에 과감하게 돌궐이 화친의 맹약을 어겼다고 꾸짖자, 일릭카간이 먼저 화의를 제의해 들어주었다.

중국 측 사료라 가감과 윤색이 있겠지만, 일릭카간이 대군을 이끌고 와서 별 소득 없이 물러난 것은 사실이다. 대개 화친으로 얻은 물품은 카간의 수중으로 들어간 다음 재분배되지만, 약탈로 얻은 것은 바로 전사들의 몫이 된다. 따라서 이세민과의 화친은 전사들의 불만을 키웠을 것이다. 더 큰 문제는 일릭카간이 군대를 움직이는 데는 기민했지만 잘 나눠주는 데는 재주가 없었다는 점이다. 중국 측 사료에 따르면 "동돌궐이 걷은 세금이 너무 혹독해 칙륵勅勒 여러 부족이 떨어져 나갔다", "일릭카간이 명을 듣지 않는 위구르와 설연타薛延陀를 공격했지만 실패했다",** "(627년) 초원에 몇 자나 눈이 쌓여 가축이 몰살하고 일릭카간이 남하할 수밖에 없었다"라는 등의 기사들이 끊이지 않는다.

《구당서舊唐書》에는 "카간이 폭설로 기근이 들었는데도, 여전히 여러 부락에서 많이 거두고 부하들을 감당할 수 없을 정도로 부린다"라고 쓰여 있다. 628년 돌궐의 변경 약탈은 내부의 어려움을 해결하려는 조급함 때문이었을 것이다. 그러나 발등의 불을 끄려는 무리한

** 모두 돌궐 예하의 튀르크계 부족들이다.

동원과 연이은 실패는 부족민의 마음을 떠나게 했을 뿐이다. 가장 주목할 만한 기사는 "(629년까지) 요새 밖에 있던 중국인이나 여러 호인 중 변경 안으로 들어오는 이가 무려 120만 명에 달했다"라는 내용이다. 일릭카간은 민심을 잃었다. 의뭉스러운 성격의 당태종은 그때도 "신의를 지켜 돌궐의 내부 사정을 이용하지 않았다"라고 공표했다.

'못난 카간'과
천가한

당태종은 허실의 지략가이자, 필요하다면 형제도 죽일 수 있는 과감한 사람이었다. 630년 폭설과 기근이라는 자연재해를 만난 데다가 무리가 떨어져 나가 어려움을 겪는 일릭카간이 화친을 청하자 사자를 보내 위로하더니, 막상 그가 막북漠北(고비사막 이북)으로 돌아가려는 순간 명장 이정李靖을 보내 음산산맥에서 급습하게 했다. 이정도 당태종만큼이나 결단력 있는 자라, 누군가 "돌궐 진영에 있는 우리 사자를 버리고 어찌 공격합니까"라고 묻자 "그런 무리는 아낄 것 없다"라며 일언지하에 묵살했다는 일화는 유명하다. 어떤 사서는 이것이 이정의 독단적 판단이라 평하지만, 당태종의 본심으로 보아도 무방할 것이다. 당나라의 사자가 와 있고, 그동안 당태종이 말을 어기지 않은 것에 안심한 일릭카간은 아무 대비 없이 마음 놓고 있다가 사로잡히고 말았다. 때는 630년으로 돌궐 제1제국은 이렇게 무너졌고, 이어 당나라의 기미羈縻 지배*가 50년 이상 이어졌다. 당태종은 천가한天可汗(천자이자 카간)이 되어 중앙아시아 곳곳에 기미주羈縻州를 세우고 유목부족들의 일거수일투족을 감시, 간섭했다. 연장선에서 당시 막남漠南으로 내려온 10만 명 규모의 돌궐 항호降戶(항복한 가구)도 이동의 자유를 잃고 여러 곳에 분산 배치되었다. 50년이 지난 후 돌궐이 부활하자, 그 통치자들은 기미 지배 시절의 원통함을 곱씹는 비문을 여러 개 남기고, 일릭카간을 '못난 카간'으로 비난했다.

흔히 '야만인'들이 사는 초원의 정치는 단순하다고 생각하지만, 실상은 그 반대다. 당나라가 동로마제국의 존재를 알고만 있던 시절에 돌궐은 그들과 외교 관계를 맺었고, 사산왕조와는 국운을 걸고 싸웠다. 또 초원에는 전쟁과 약탈이라는 힘의 법칙만 적용될 것으로 생각하지만, 이 또한 사실과 다르다. 일릭카간을 잡은 후 당태종은 승자로서 그의 죄상을 늘어놓는데, 대부분 오만함을 드러낸 것에 불과하나 단 하나 정확한 것이 있다. 바로 여기에서 유목세계와 정주세계의 정치가 수렴되고 있음이 잘 드러난다. "강함만 믿고 싸움을 좋아해 해골을 잡초처럼 들판에 흩어놓은 것[恃强好戰暴如], 이것이 그대의 세 번째 죄다." 당시 선비는 이렇게나 성장해 있었다.

---

* 기미는 굴레와 고삐라는 뜻이다. 굴레를 씌우고 고삐를 당기듯이, 부족들을 독립시켜 각각 당나라와 종속 관계를 맺고 하고, 서로 뭉치지 못하게 하는 통치술이다. 흔히 중국의 북방 외교 정책을 일컫는 대명사로 쓰인다.

15   피를 흘려 평화를 사는 지혜

당나라는 인구 절벽 현상을 심하게 겪었다. 건국 이래 인구가 꾸준히 늘어, 752년에는 897만 3,634호, 5,997만 5,543명(《신당서新唐書》)에 이르지만, 불과 몇 년 후인 760년에는 193만 3,134호, 1,699만 386명(《통전通典》)으로 줄어든다. 제국이 끝날 때까지 인구는 회복되지 않는다. 10년도 안 되는 사이 무슨 일이 있었기에 인구가 3분의 1 이하로 줄어든 것일까. 이 세계사적 인구 감소는 변경을 지키는 군인 안녹산安祿山이 일으킨 난 때문이다. 많은 사람이 죽기도 하고, 잔당이 처벌을 피해 행정력이 미치지 않는 곳으로 숨어버려 인구 조사에 허점이 생긴 것이다. 다만 농사짓는 이들은 전답을 떠나면 걸인이나 다름없으니, 동란에 살아남았다고 한들 몸이나 성했을지 의문이다.

국경에서 궁정으로, 황제의 위엄이 머무는 곳

싸움이 잦으면 군대가 커지고, 그 안에서 잔인한 인간들이 높은 지위에 올라 급기야 어미를 잡아먹는 살모사 짓을 하는 것은 가히 역사의 법칙이다. 군인이라고 해서 처음부터 그런 흠이 있는 것은 아닐 테다. 다만 특수한 상황이 그들에게 수천만 명의 목숨을 놓고 도박하도록 부추기는 것이다.

안녹산은 당나라의 동부 전선을 담당했다. 북방의 돌궐이나 위구르처럼 강력하고 중앙 집권화되지는 않았지만, 독립심이 대단히 강한 말갈靺鞨, 해奚, 거란 같은 여러 집단을 상대해야 하는 곳이었다. 전선은 길고 싸움은 언제나 지지부진하므로, 수장으로는 모략에 강하고 잔인한 자가 적격이었다. 로마의 역사를 보면, 서부 전선에서 갈리아인과 게르마니아인, 또는 그 배후에서 밀려오는 여러 이민족을 상대하던 군인들이 황제를 뽑던 시기가 오랫동안 이어졌다. 이러한 상황이 결국 군인을 제어할 수 있는 강력한 황제에 대한 열망을 낳아 일인 지배 체제가 확립되었음을 앞서 살펴보았다.

이미 황제 중심 체제가 1,000년이나 이어진 데다가, 당태종은 손수 말을 타고 전장을 누비며 천가한이라는 칭호까지 얻었으니, 국내

외로 압도적인 권위를 누리고 있었다. 동서양을 막론하고 인민이 자유를 포기하면서까지 일인에게 권력을 집중하는 것은 외부의 압력(침략)과 내부의 혼란(내란)에 모두 대응하라는 뜻이다. 그러자면 황제도 유사시에는 유목세계의 지도자들처럼 직접 군무軍務를 보아야 했다. 군대는 위엄으로 움직이는 집단이고, 황제는 제국 전체가 위엄을 부여한 이이기 때문이다. 페르시아의 샤푸르 1세Shāpūr I와 로마의 콘스탄티누스 1세, 당나라의 태종은 모두 그런 이였다.

그러나 당나라의 인구가 6,000만 명(실제로는 그 이상)에 달하고 거대한 관료제가 정비되자 명민한 황제들조차 직접 군무를 보는 대신 국경에 대규모 병력을 배치하는 방식을 택했다. 위엄은 가득하고 경제력은 국방비를 감당할 만하니, 궁정 정치에 몰두하는 것이 오히려 제국의 영속에 도움이 된다고 생각했을 것이다. 이 체제가 유지되려면 변방 사령관은 적절한 군사적 능력도 필요하지만, 반란을 일으킬 의지나 기반이 없어야 한다. 이것이 스키타이계 소그드 안녹산과 튀르기시Türgish 출신 가서한哥舒翰, 고구려 유민 고선지高仙芝 등이 절도사節度使로 군권을 잡은 배경이다.

군대가 커지면
나라가 위태롭다

죽이고 속이는 것이 임무인 군인이란 직업은 애초에 선량한 이마저 쉬이 타락시키는데, 오직 황제의 신임에 운명이 좌우되는 장수들은 살기 위해 비열해질 수밖에 없었다. 당현종唐玄宗이 안녹산에게 "이 오랑캐의 배 속에 뭐가 들어 있기에 이렇게 클까" 하고 농을 던지자, 그가 "다른 물건은 없고 오직 일편단심만 있습니다"라고 한 일화는 유명하다. 당현종은 반란을 일으킬 배알조차 없어 보이는 '뚱보'에게 더 큰 임무를 맡겼다. 안녹산은 742년 평로平盧 절도사에 오른 지 얼마 안 되어 범양范陽 절도사를 겸했고, 751년에는 하동河東 절도사까지 맡았다. 당시 세 지역의 군세가 각각 4만 명, 9만 명, 5만 5,000명이었으니, 안녹산 휘하에만 거의 20만 명에 달하는 병력이 속했던 것이다. 이는 서부 전선의 핵심인 하서河西 절도사(7만 3,000명), 삭방朔方 절도사(6만 5,000명), 농우隴右 절도사(7만 5,000명)의 예하 병력 전체와 맞먹는 규모였다. 나아가 하서 절도사와 농우 절도사는 숙적 토번과 싸우느라 발이 묶여 있었기에, 실제로 제국이 쓸 수 있는 대부분의 병력을 안녹산이 거느렸던 셈이다. 그는 투항한 호인들로 구성된 8,000명 규모의 기병 돌격대까지 꾸렸으니, 거느린 대군만 확실히 장악한다면 반란은 성공할 형세였다. 결정적으로 그의 뱃속에 든 것은 일편단심이 아니었다.

안녹산은 아부하는 능력에 비해 전략은 부족해서 751년 병력 6만 명으로 거란을 공격했으나 대패했다. 같은 해 안서安西 4진鎭(구자龜茲, 우전于闐, 언기焉耆, 소륵疏勒) 절도사 고선지는 당나라의 통치를 벗어나 눈치를 살피던 타슈켄트Tashkent로 진공한 후, 거짓 화약을 맺고는 습격해 왕과 대신들을 사로잡아 돌아왔다. 그 와중에 늙고 약한 이들을 죽이고, 장안으로 압송한 왕 또한 죽었다. 사서에는 그가 슬슬瑟瑟이라는 주옥珠玉 10여 곡斛과 낙타 대여섯 마리에 실을 만큼의 황금을 약탈해 가져왔다고 쓰여 있다. 용케 도망친 왕자가 아바스Abbās왕조의 이슬람 세력을 끌어들여 복수를 기도하니, 곧 탈라스Talas 전투가 벌어졌다. 당시 당나라는 동맹이던 카를루크Kharluk가 이반했기에 속절없이 패할 수밖에 없었다.

고선지의 실제 인품은 알 수 없지만, 당시 그의 행위는 상식적이지도 전략적이지도 않았다. 우선 탈라스전투의 앞뒤 상황을 살펴보자. 아바스왕조의 힘이 강해지기 전까지 파미르고원 서쪽의 트란스옥시아나는 우마이야Umayya왕조의 세력권이었다.* 이들을 상대한 것은 서돌궐로 당나라와 우호적인 관계였다. 13세기 이란의 지리학자 야쿠트 알하마위Yaqut al-Hamawi의 기록을 살펴보면, 아무다리야강을 둘러싸고 서돌궐의 주요 세력인 튀르기시와 우마이야왕조의 칼리프 하심Hashim이 맞붙었을 때의 일화가 나온다. 칼리프의 사신이 이슬람 율법과 금기를 자세히 설명하고 그들의 뛰어난 도시문명을 자랑하자, 카간은 사신 앞에 10만 명의 기병을 도열시키고 이렇게 말했다. "우리 전사 중에는 그대들처럼 목욕탕 시종이나 신발 만드는 이나 재단사가 없다. 만약 우리가 이슬람을 받아들여 모든 율법을 따른다면 저들은 무엇을 먹는단 말인가?"

---

* 탈라스전투의 주요 격전지인 탈라스강은 트란스옥시아나의 동쪽 경계인 시르다리야강보다 약간 더 북쪽에 있다.

이처럼 서돌궐은 이슬람 세력에 동조할 생각이 전혀 없었다. 당나라로서는 손 안 대고 코 푸는 꼴이었다. 토번의 개입으로 약간의 우여곡절을 겪기는 하지만, 탈라스전투 직전까지 트란스옥시아나의 형세는 당나라에 유리했다. 그런데 아바스왕조가 우마이야왕조 다음으로 새롭게 모습을 드러낸 예민한 상황에서, 갑자기 당나라의 군대가 특별한 명분 없이 쳐들어와 속이고 뺏고 죽이는데, 역시 서돌궐의 주요 세력이었던 카를루크가 어찌 이반하지 않을 수 있겠는가.

반란에 무너지는 당나라와
기회를 잡은 위구르

752년 안녹산은 삭방의 군대까지 동원해 거란에 앙갚음하고자 한다. 하지만 삭방 절도사인 돌궐 출신의 이헌충李獻忠이 안녹산에게 해코지당할까 봐 출전을 기피하다가, 북방으로 도망친다. 엎친 데 덮친 격으로 754년 검남劍南 절도사의 군대가 남조南詔에 크게 패해 10만 명 이상이 전사하는데, 황제는 상황을 파악조차 하지 못한다.

전선을 엉망으로 만든 거구의 아첨꾼에게 마음을 뺏긴 황제는 무력했다. 그런데도 자신의 과오로 궁지에 몰린 안녹산은 755년 '간신 양국충楊國忠 토벌'이라는 황당한 명목으로 반란을 일으켰다. 안녹산과 그의 부장 사사명史思明은 둘 다 친아들에게 살해당할 정도로 그 인격이야 뻔한 자들이었지만, 성공의 대가를 미끼로 부하들을 움직일 수 있었다. 삭방의 군대는 분전했으나 곧장 장안으로 밀려드는 반란군을 막기에는 역부족이라 황제는 촉蜀(지금의 사천四川성)으로 도망치고, 죄 없는 백성만 속절없이 죽어나갔다. 그러던 중 757년 홀연 북방에서 기병 4,000명이 모습을 드러내니, 그들의 선봉장은 위구르를 이끄는 카를륵카간Qarlïq qaghan의 아들 야브구Yabghu*였다. 이들은 어디에서, 왜 나타난 것일까.

돌궐 제2제국 시기, 초원의 정치가들은 중국과 지구전을 벌일 경우의 후과를 잘 알고 있었다. 719년 당현종은 20만 명의 대군을 이끌고 삭방을 나가 정면을 치고, 동부의 해와 거란, 서부의 바스밀Basmil, 북부의 키르기스Kirghiz를 일으켜 사방을 틀어막아 돌궐을 완전히 포위, 격멸하려 했다. 중국에서 태어났지만, 고비사막을 건너 돌궐 제2제국 건설에 앞장섰던 백전노장 톤유쿠크Tonyukuk는 "고립된 바스밀을 쳐서 포위를 뚫자"라고 제안했고, 과연 이 전략이 제대로 먹히며 당나라의 구상은 실행되지 못했다. 이후 톤유쿠크는 빌게카간Bilge qaghan이 고비사막 남쪽으로 원정해 부민을 더 모으자고 할 때 "우리 백성은 새로 모였고 피로하니 3년을 쉬면서 형세를 관망하자"라고 조언하기도 했다. 노숙한 재상과 혈기왕성한 군주는 한편으로 위협하고, 다른 한편으로 호시互市 개설을 요청하며 전면전을 피했다. 727년 드디어 호시가 열리자 곧 북방의 말 떼가 해마다 고비사막을 건넜다. 빌게카간이 "외튀켄Ötüken산맥보다 좋은 곳은 없다. 그곳에서

---

* 야브구는 카간 바로 다음의 직함으로, 실제 이름은 전해지지 않는다.

돌궐 제2제국의 역사에 뚜렷한 발자취를 남긴 두 인물의 비. 빌게카간의 비(좌)에는 돌궐 제2제국 간난의 역사가, 톤유쿠크의 비(우)에는 유목국가 운영의 원칙이 새겨져 있다.

오늘날 외튀켄산맥은 항가이(Khangai)산맥으로 불린다. 돌궐 정권과
그 뒤를 이은 위구르 정권의 중심지였다.

대상隊商을 보내면 그만이다"라고 한 것은 남과 북의 정체성을 확인함으로써 평화를 꾀하는 선언이었다.

돌궐의 이러한 대對당 전략을 이어받은 것이 바로 위구르다. 위구르는 원래 작은 세력이었다가 바스밀, 카를루크 등과 힘을 합쳐 돌궐이 약화한 틈을 타 744년 나라를 얻었기에, 부민의 수도 적고 권위도 부족했다. 그러나 이 영리한 민족은 돌궐을 극복하면서 그들의 경험을 철저히 배웠다. 즉 당나라와 무력으로 대치하는 대신 돌궐 말기의 화친 전략을 충실히 따랐다. 그렇지만 당나라는 돌궐과 같은 수준으로 위구르를 대접하지 않았다. 그런데 당나라가 절체절명의 위기에 빠져 위구르에게 도움을 요청한 것이다. 위구르 기병은 평지 전투에서는 무적이었다. 승리가 급했던 당나라는 그들에게 장안과 낙양洛陽을 수복한다면 "성인成人과 땅은 그대로 두고, 금은과 비단, 자녀子女는 가져가도 좋다"라고 약속했다. 실제로 낙양을 수복*한 위구르가 끔찍한 약탈을 자행하니, 그 과정에서 죽은 백성이 무려 1만 명을 넘었다.

상층부의 협잡을 제대로 알지 못한 백성은 자녀를 뺏기지 않기 위해 죽을 각오로 막아섰을 것이고, 위구르 병사들은 목숨 걸고 싸웠는데 이 정도도 못 취하느냐며 칼을 휘둘렀을 것이다. 응당 사대부라면 사재를 다 털어서라도 백성을 살려야 하건만, 망하기 직전의 나라

---

* 762년 사사명의 아들 사조의(史朝義)를 토벌할 때도 위구르 기병 3,000명이 핵심적인 역할을 했다.

에서 군주와 지배층은 그 정도 염치도 보여주지 못했다. 승전의 대가에 굶주린 병사들은 잔혹하다. 임진왜란王辰倭亂 당시 평양성을 탈환할 때 명군이 확보한 수급 중 절반은 조선인이었다는 중국 측 기록이 증거다.

두 세계를 지탱한
피의 대가, 견마 무역

이때의 약탈을 제외하면, 위구르는 840년 키르기스에 밀려 몽골고원에서 쫓겨날 때까지 당나라에 매우 충실한 조력자였다. 당나라는 토번을 막기 위해 위구르의 힘이 필요했고, 위구르는 필요한 재원을 어렵지 않게 얻기 위해 당나라와의 견마 무역이 필요했다. 그러니 견마 무역은 망할 뻔한 나라를 구해준 대가요, 실로 피로 얻은 제도적 성취다. 말 한 마리를 비단 40필과 교환하는 무역이 무려 80년간 이어져 북방 국경의 평화를 보장했다. 그러나 1년간 거래되는 말이 1만 마리를 넘어서니, 호구가 반으로 줄어든 당나라는 약속 이행이 부담스러워졌다. 이를 두고 격론이 오갔다. 근래 일부 학자가 "위구르에서 온 말이 노쇠해 쓸데없다", "말값을 대느라 국고가 텅 비었다"라는 몇몇 기록을 그대로 인용하는데, 이는 피로 얻은 평화 체제의 실상을 오해한 것이다. 호시에서 거래되는 말의 가격은 비쌌지만, 비상식적인 수준은 아니었다. 문제는 당나라의 인구 감소였다. 예컨대 돌궐

제2제국 말기, 강력한 위협도 못 되는 그들을 달래기 위해 당나라는 말 한 마리당 비단 40필의 값을 쳐주었다. 안록산의 난이 끝난 때라 전마는 물론 역마도 씨가 말랐기에 말이 절실히 필요했다. 초원으로 간 당나라의 사신들은 몰래 말을 사들였다가 되팔아 엄청난 폭리를 취했다. 즉 나라가 가난해져서 필요한 말을 살 수 없었다고 하는 표현이 정확하다.

모조리 노쇠한 말이었다는 주장도 상식적이지 않다. 아무리 강건한 말도 무리 지어 수십 일 동안 사막을 건너면 마르게 마련이다. 제국 내인 하서의 말도 장안까지 오면 가격이 곱으로 뛰기는 마찬가지였다. 몽골고원까지 가서 말을 산다면 훨씬 저렴했겠지만, 말을 데리고 사막을 건너는 비용을 생각하면 오히려 손해다. 그리고 설사 한 해에 비단 50만 필, 80년간 총 4,000만 필이 북방으로 나갔다고 한들, 이를 몇 년 난리 사이에 사라진 4,000만 명의 인구와 어떻게 비교할 수 있겠는가. 또한 그렇게 들어온 말 100만 필이 설마 여물만 축냈을까. 제국은 말 없이 유지될 수 없다.

16 　몽골, 거란과 여진에게 배우다

중세에 이르면 한때 실개천으로 여겨졌던 역사의 작은 물줄기들이 순식간에 불어나 대하大河가 되어 동서로 수만 킬로미터에 달하는 유라시아 초원을 가로지른다. 그러니 이 작은 책 안에서 이야기를 끌어가는 붓이 길을 잃어 물줄기가 초원을 헤매다가 사막에서 말라버리지 않기를 바랄 뿐이다. 사실 역사가들은 과도하게 사건의 살을 발라내고 추상해 뼈만 남기는 경우가 허다하다. 그렇지만 기록의 행간을 깊숙이 들여다볼수록 역사에서 완전히 새로운 일은 하나도 없음을 새삼 깨닫게 되는 것 또한 사실이다. 뼈는 피와 살을 재료로 조금씩 자라난다.

이제 우리는 몽골이 세운 제국 앞에 이르렀다. 태평양부터 지중해까지, 자신을 제외한 모든 인류에게 몽골제국은 실로 문명을 파괴하기 위해 지옥의 심연에서 기어올라온 타르타로스Tartaros였다. 기존의 어떤 유목국가도 보여주지 못한 광범위하고 동시다발적인 팽창과 진저리 나는 잔인성, 저항할 수 없는 힘 앞에 당대의 사가들은 전율했다. 그래서 일부 학자는 몽골제국을 유목사는 물론 세계사의 예외로 분류한다. 그러나 몽골 보르지긴Borjigin씨의 키야트Kiyat 가문(칭기즈칸의 혈통)은 초원과 만주滿洲의 삼림 사이에서 흥기한 거란과 여진 두 민족의 피와 살을 먹고 자랐다. 팽창 또한 저 두 집단이 동에서 닦은 길과 여러 튀르크 지파가 서에서 닦은 길을 따랐을 뿐이다.

'동강서약'이라는
초원의 법칙

돌궐에 이어 어엿한 제국을 세운 위구르는 마니교摩尼敎를 국교로 채택하고 농사를 장려하는 등, 점차 정주화된다. 그 와중에 군사력이 약해져 북부 삼림 지대에서 내려온 키르기스에 무너지고, 결국 몽골 고원을 떠나 서진한다. 정주민으로 사는 법을 이미 잘 알고 있던 그들은 서쪽의 오아시스 도시들에 잘 적응한다. 이어서 위구르에 밀린 튀르크의 서진과 정주화가 가속화된다. 대표적으로 10세기 후반 파미르고원 동서의 오아시스 도시들과 초원 지대 일부를 장악한 카라한Karakhan 왕조가 있다. 이들은 원래 유목민이었지만 튀르크어 사전을 만들어 바그다드의 칼리프에게 헌정할 정도로 정주세계 문화의 정수를 흡수한 이들이었다.

카라한왕조보다 앞서 등장한 셀주크튀르크는 중앙아시아의 이란계 왕조를 압도하며 서쪽으로 뻗어 나갔다. 이들은 초원에 자리 잡고 실크로드를 장악해 서방과 관계 맺던 '정통' 유목제국과 달리, 초원 남부의 정주지를 따라 거침없이 내달려 동로마제국의 아나톨리아 영역까지 잠식, 곳곳에 근거지를 만들었다. 그들은 정착지의 무슬림보다 더 신실하지는 않아도 자신들의 팽창과 성공을 신의 뜻으로 돌릴 정도로는 명민했다. 십자군전쟁이 발발한 것도 일차적으로는 이들이 이슬람 세력에 기병의 힘을 더하고, 성지 예루살렘Jerusalem으로 가는 길을 가로막아 유럽의 기독교 세계에 공포감을 심어주었기 때문이다. 중국 북부에서 유목민들이 그랬듯이, 셀주크튀르크의 기병은 아나톨리아의 건조 지대에서 동로마제국의 보병을 압도했다. 이렇게 서아시아의 맹주로 자리 잡은 셀주크튀르크지만, 한 세기가 채 지나지 않아 초원의 동쪽 끝에서 여진에게 쫓겨 달아난 거란의 패잔병들에게 간단히 무릎 꿇게 되니, 유목세계에서 동강서약은 일반적 현상이다. 인구가 무기인 중국과 인구는 적지만 강력한 군사력으로 인위적 방어벽을 세운 한반도, 자연 장벽 그 자체인 태평양 안에서 강력한 압박을 받아 힘이 충분히 응축되면, 유목집단은 서쪽으로 밀고 나아갔다.

초원과 농지를 모두 차지한
폭풍의 핵, 거란

몽골은 이 모든 흐름과 선배들의 경험을 눈여겨보았다. 특히 거란이 좋은 예가 되었다. 외튀켄산맥에 근거지를 둔 튀르크의 제국들이 건재할 때 거란은 남부의 한족과 북부의 '정통' 유목부족 모두에게 멸시받던 존재였다. 하지만 916년 송宋나라의 영토 일부를 빼앗으며 중원을 차지하자, 소위 이원二元 체제로 화북과 초원을 동시에 다스렸다. 거란은 과거로 한족을 등용해 관리로 쓰고, 군무는 본인들이 담당하는 방식으로 무려 200년을 버텼다. 유목민이 개창한 무수한 왕조가 중원에 발을 디뎠지만, 화북과 초원을 동시에 직접 지배한 세력은 거란, 즉 요遼나라가 처음이었다. 기존에는 자기 힘의 크기와 상관없이 초원이나 농경 지대 중 하나를 선택할 수밖에 없었다. 탁발씨는 농경 지대를 선택했고 흉노와 돌궐은 초원을 선택했다. 정주세계와 유목세계 모두의 변방에서 일어난 거란이 이 선택 자체를 거부하고 모두 차지했으니, 과거는 더는 문제 되지 않았다. "거란도 하지 않았는가. 심지어 여진에게 쫓겨난 거란의 잔당이 파미르고원부터 아랄해까지 세계의 대부분을 다스리고 있지 않은가."

물론 몽골고원의 여러 부족에게 가장 강력한 타격을 가한 동시에, 가공할 힘을 갖게 해준 세력은 "역법을 몰라 성인의 나이를 계산하지 못하며" 담비 가죽이나 바치던 여진이었다. 주둔병과 중앙병을 적절히 활용해 몽골고원의 유목민을 통제했던 거란은 여진의 원초적 힘을 잘 알기에 더욱 두려워했다. 거란은 조공만 확실하게 도착하는 한 황하를 건너 송나라로 진격할 생각이 없었고, 분열된 초원은 쉽게 제어할 수 있다고 생각했다. 따라서 가까이 있는 여진이 힘을 모아 서쪽으로 나오지 못하도록, 그 부락들이 합병할 모양을 보이면 여지없이 개입해 분열책을 구사했다. 그러나 쇠(거란은 '무쇠'라는 뜻이다)로 여진을 두드리자 그들은 금(금나라)이 되었다. 훗날 금으로 몽골을 두드리자 그들은 세계의 정복자가 되었다. 복잡한 이간책과 지나친 경쟁은 주도적 집단의 등장을 방해하지만, 일단 이를 극복하고 나타난 집단은 막강하다. "여진 1만 명이 모이면 당할 수가 없다"라는 거란 속담이 있는데, 실제로는 1,000명도 당해내기 힘들었다.《금사金史》에는 "(1102년) 요나라가 (여진 내부의 반란을 평정하러) 군사를 모아 여진 갑병甲兵 1,000여 명을 얻었는데, 이때까지 그 수가 1,000명을 넘은 적은 없었다"라고 적혀 있다. 그로부터 불과 10여 년 후 완안부完顏部의 아골타阿骨打가 여진을 통합하고 금나라를 세우니, 그 성장이 얼마나 빨랐는지 짐작할 수 있다.《금사》는 여진의 흥기가 그토록 빨랐던 이유를 이렇게 분석한다.

습속이 사납고 인민들이 강인하며 …… 땅이 좁고 나는 것이 적어[地狹産薄], 일이 없으면 열심히 땅을 갈아 의식을 해결하고, 전투가 벌어지면 사력을 다해 싸워 적을 잡아 온다. …… 군사를 걷어 보내는 것을 한집안 일처럼 한다[一家]. 장수들은 용감하고 한뜻을 품으며[志一], 병사들은 정예하고 힘이 하나같으니[力齊], 하루아침에 떨쳐 일어(난다.)

고비사막 남쪽에서 출토된 금나라의 구리거울로 쌍어문(雙魚文) 문양
이 눈에 띈다. 금나라가 남긴 유물들에는 쌍어문 문양이 유독 자주 등
장하는데, 그들의 생산 활동과 관련 있을 것으로 보인다.

사가들은 여진의 힘이 단순하고 강력한 결속력에서 비롯된다고 생각한 듯하다. 다만《금사》는 몽골이 금나라를 무너뜨리고 원나라를 세운 후 편찬한 관찬 사서임을 감안해야 한다. 금나라는 초원 정치에 깊이 개입해 이리저리 동맹을 바꿔가며 특정 세력이 부상하는 것을 막았고, 이러한 이간책에 칭기즈칸의 선조는 이를 갈았다. 몽골은 여진처럼 빨리 성장했고, 마찬가지로 상하가 뭉치는 법을 알았다. 그러나 그들이 여진에게 배운 것은 단순한 군사력이나 자신감만은 아니었다.

여진의 비밀 병기는 실용적인 법

《원사元史》〈형법지刑法志〉에는 기존 사서에서 찾아볼 수 없는 독특한 조문이 등장한다. "사람을 죽인 이는 모두 사형에 처하고, 거기에 더해 그 가속은 피해자 호주에게 소매은燒埋銀(화장과 매장 비용) 50냥을 지급해야 한다[諸殺人者死, 仍於家屬征燒埋銀五十兩給苦主]."

진秦나라와 한나라의 법을 당나라가 이어 체계화하니, 곧 중국법의 근간인데, 당률唐律은 "고의로 사람을 죽인 자는 참형이다[殺舊, 斬]"라고 할 뿐 배상을 이야기하지 않는다. 그러나 초원에서 가장 우선하는 처벌은 몽골과 튀르크를 막론하고 배상이다. 원나라가 이 법을 들고나온 이후, 살인자를 죽이는 동시에 그 가족에게 배상할 의무를 지우는 법의 정신은 명明나라와 청淸나라까지 이어졌다. 사실 오늘날의 법도 대부분 가해자에게 형사상 책임과 함께 피해자 가족에 대한 민사상 배상 의무를 지운다.

이는 정주세계의 법이 자연스레 발전한 결과가 아니라 원시사회의 법 정신이 되살아난 것이다. 다시 《금사》로 돌아가면, 여진의 시조 함보兩普가 처음으로 법을 만든 내용이 나온다. 대부분의 원시사회와 마찬가지로 여진도 피의 복수 때문에 골머리를 앓고 있었다. 어떤 부족민이 타 부족민을 죽이고 분쟁이 해결되지 않으면 피해자가 속한 부족이 복수에 나서고, 그렇게 복수가 복수를 낳았다. 평화 때라면 복수는 한 번으로 끝나겠지만, 부족 간의 정치적 알력이 꿈틀거리고 있는 상황에서는 사적 복수의 악순환이 계속해서 이어질 수밖에 없었다.

함보는 고려에서 왔다고 한다. 그가 완안부 사람들의 이야기를 들어보니 타 부족과의 복수전이 숙환이 된 상황이었다. 이 문제를 해결하면 결혼도 시켜주고 부민으로도 받아들이겠다는 약속에 그는 답을 내놓았다. "한 사람을 죽여 싸움이 해결되지 않으면 손해가 더욱 커질 뿐이다. 만약 (형벌이) 난을 주도한 사람을 죽이는 데 그치고, 가해자 부족이 물건으로 피해자 가족에게 배상한다면, (쌍방의) 싸움도 그치고 (피해자 가족은) 이익을 얻을 수 있다." 구체적인 내용은 "살인자의 가족이 생구生口(노예) 한 명, 암말과 수말 열 쌍, 소 열 마리, 황금 여섯 냥을 내면, 피해자 가족은 원한을 풀고 사적으로 복수하지 않는다"라는 것이었다. 형사상 처벌과 민사상 배상을 결합한 것인데,

몽골법의 기원이 꼭 여진법이 아니라도 이러한 장점을 잘 알고 흡수했을 것이다.

사냥꾼의 윤리를 공유한
여진과 몽골

중국이나 로마는 일찍이 사적 구제의 권리를 흡수해 사법적 폭력 행사권을 독점했다. 그래서 초기의 로마법이나 진나라, 한나라, 당나라, 송나라의 법은 "살인자는 국가가 죽인다"라는 것은 원칙으로 명시하되, 별도의 보상 규정을 두지 않았다. 로마법이 '목숨값bloody money의 배상'을 다룬 것은 동방의 경우와 마찬가지로 '미개한' 게르만족의 관습법이 역으로 도입된 후다.*

배상은 국가 출현 이전의 원시사회에서 피의 복수를 막기 위한 일반적 관행이었을 것이다. 그러나 당시 게르만족의 관습법은 정의의 관점에서 하나의 취약점을 드러낸다. 살인자라도 배상만 하면 처벌을 면할 수 있다! 국가에 복수의 권한을 넘겨주고 참는 것과 마찬가지로, 단지 물건으로 대속한 살인자와 함께 살아가는 것도 피해자 가족으로서는 심히 괴롭지 않았을까. 또한 게르만족의 관습법이나 로

---

* 자세한 내용은 다음 책 참고할 것. Miriam Tveit, *In Search of Legal Transmission: Inheritance and Compensation for Homicide in Medieval Secular Law* (UiT The Arctic University of Norway, 2017).

마법은 중국법보다 오히려 전근대적인 면이 있어서, 시민(자국민)인지 자유민인지 등에 따라 목숨값이 달라졌다. 예컨대 로마에서 시민은 사람을 죽여도 추방당하는 정도로 죗값을 치를 수 있었다. 형사 체계와 민사 체계가 충돌하고, 사람 사이에 등급이 있었기 때문이다. 물론 중국에서도 당상관堂上官은 이런저런 수단을 써서 형벌을 피할 수 있었다.

그러나 여진의 법은 출현부터 공법(부족 관계)과 사법(개인 관계), 형법(처벌)과 민법(배상)이 완전히 결합해 있었고, 목숨값은 대속할 사람 한 명과 가축 서른 마리, 일정량의 황금으로 확정되어 있다. 말하자면 처음부터 게르만족의 관습법과 로마법을 결합하고서, 또 그런 법들의 약점인 차별 조항을 없애버린 것이다. 원나라의 사가는 여진이 강해진 이유를 하나로 뭉친 데[志一, 一家, 力齊]서 찾았는데, 이것은 사실 사냥꾼의 윤리다. 그들은 힘을 합쳐 잡고, 똑같이 나눈다. 차별은 약소 집단을 더욱 약하게 한다. 여진은 사냥하고 물고기를 잡으며, 여름에는 가축과 이동하고 땅을 갈며, 겨울에는 움집에서 생활하는 부족이었다. 땅은 험하고 사람은 적으니 생존을 위해 목숨값을 높이고, 상하로 구분하는 대신 하나로 뭉치는 수밖에 없었다.

몽골 또한 초원의 중심이 아니라 초원-삼림의 경계에서 등장했다. 몽골이 여진을 극복할 때, 그들은 상대를 멸시하면서도 배울 것은 다 배웠다. 우리는 '문명文明, civilization'이라는 단어가 주는 인공적 이미지 때문에 그것이 생존을 위한 한 방편이라는 원시적 본질을 종종 간과한다. 삼림민은 지정학적 조건과 생산 여건 모두가 겨우 삶을 이어갈 정도로 아슬아슬한 수준이었기에, 문명의 이러한 본질을 간파하고 실질을 숭상할 줄 알았다. 거란을 극복한 여진은 바로 그들의 제도를 따랐다. 특히 자신들이 당했던 방식 그대로 초원에 개입했다. 몽골은 이 '미개한' 이들의 성공을 보고 그 길을 따랐다. 물론 훨씬 자신만만하고 잔인한 자신들만의 방식으로.

17 칭기즈칸, 그 비틀린 신화

누군가 "칭기즈칸은 위대한가"라고 묻는다면 대답하겠다. 그는 분명 강했지만, 위대한 인간은 아니었다고. 다시 "몽골제국은 위대한가"라고 묻는다면 대답하겠다. 제국은 분명 거대했지만, 제국이 파괴한 것은 그보다 훨씬 컸다고. 제국이 이룬 수많은 성취를 인정하더라도, 그 역사는 길고 거대한 파괴와 그만큼 더디고 어려운 회복의 과정이었다.

앞서 나는 '자유', '공유', '환대'를 유목사회의 유지 원리로 제시하고, '당대 인민의 복지'를 모든 통치 행위의 판단 기준으로 내세웠다. 유목문명에 무의식적 호감을 품고 있지만, 사료와 고고학에 따라 내린 평가도 변함없다. 칭기즈칸이 1206년 몽골고원을 통합하고 1227년 사망할 때까지, 전 세계 인민은 오로지 죽음과 파괴만을 경험했다. 1258년 바그다드가 약탈당할 때(또는 1259년 몽케칸Möngke Khan이 죽었을 때나, 이듬해 훌라구의 서정군이 맘루크Mamluk왕조에게 패할 때)까지, 대몽골 울루스 밖의 세계는 '선별적' 파괴와 살육을 경험했다. 그러고 나서야 복구가 시작되었다.

초원과 바다에 모두 길을 낸 몽골제국의 힘

손에 핏덩어리를 쥐고 태어났다는 칭기즈칸이 죽고 50여 년이 지나 몽골제국의 직계 국가인 원나라가 들어선다. 그곳에서 우리는 무엇을 보게 될까. 광대한 영토 전역에 깔린 역참 사이를 매일 수천수만 마리의 말이 뛰어다니며 소식을 전하고(역마는 10만 마리를 훌쩍 뛰어넘었다), 상인들은 강도나 규정 외의 통행료를 걱정할 필요 없이 바그다드부터 한반도까지 오가며, 잘 정비된 도로에는 일정한 간격으로 나무를 심어 아무리 먼 길도 쾌적하게 여행한다. 또한 종교의 차별이 없어서, 칸의 안녕을 위해 기도만 한다면 불교도든 기독교도든 무슬림이든 샤먼이든 자유롭게 활동할 수 있다. 이런 규모와 수준의 국가는 일찍이 없었으니, '팍스 몽골리카Pax Mongolica'를 학술 용어로 격상시키려는 몇몇 학자의 시도도 일리 있어 보인다. 마르코 폴로Marco

Polo는 쿠빌라이칸Khubilai Khan을 "아담이 생겨난 이래, 여태까지 존재했던, 또 현재 존재하는 누구보다도 위대한 군주"라고 치켜세웠다. 그는 쿠빌라이칸이 이렇게 말했다고 전한다.

모든 사람이 숭배하고 존경하는 네 명의 예언자가 있다. 기독교도는 자기네 신이 예수 그리스도라 하고, 사라센인Saracen은 마호메트Mahomet라 하며, 유대인은 모세Moses라 하고, 우상 숭배자는 …… 사가모니 부르칸Sagamoni Burcan(석가모니 부처)이라 한다. 나는 이 넷을 모두 존경하고 숭배하며, 특히 하늘에서 가장 위대하고 더 진실한 그분에게 도움을 부탁하며 기도를 올린다. *

　중국의 동부 해안에 몽골제국이 넓혀놓은 바닷길을 따라 인도의 재화가 쏟아져 들어와 항주杭州 일대의 부호들은 왕 못지않은 호사스러운 삶을 살았다. 폴로는 중국 남부 항구들의 번영을 이렇게 묘사한다. "기독교도들의 땅으로 팔려나갈 후추를 실은 배가 알렉산드리아Alexandria나 다른 항구 도시에 한 척 들어간다면, 이 자이톤Zayton(천주泉州) 항구에는 100척이나 들어온다. …… (인도에서 들어오는 배들 때문에) 대칸은 이 항구에서 엄청나게 많은 관세를 받는(다.)" 제국은 초원의 길만 연결한 것이 아니라 거대한 바닷길도 닦았다. 바다를 초원처럼 만든 것이다.

---

* 마르코 폴로, 《마르코 폴로의 동방견문록》, 김호동 옮김 (사계절, 2000), 227.

몽골제국은
왜 그토록 넓혔을까

1246년 기독교 세계에 대한 전쟁을 멈추고 세례를 받으라는 교황의
사절 카르피니Carpini에게 귀위크칸Güyük Khan은 이런 서한을 건넸다.

> 그대(교황)는 전갈을 보내 "(몽골이) 마자르Majar와 키리스탄Kiristan 지방들을
> 정복했습니다. 당신에게 우리가 무슨 죄를 지었습니까"라고 했다. 짐은 그
> 대의 말을 이해하지 못하겠다. 칭기즈칸과 나는 주主의 명령을 그들에게 보
> 냈다. 그들은 주의 명령을 믿지 않고 사신을 살해했다. 그래서 그 오랜 주께
> 서 죽이고 절멸시킨 것이다. 주의 명령이 아니라면 누가 어떻게 자신의 힘만
> 으로 죽이고 정복할 수 있다는 말인가.*

 그리고 이렇게 엄포를 놓았다. "당장 무리를 이끌고 어전으로 와
서 복속하라."
 이처럼 논리를 배제한 묵시론적 명령은 이미 칭기즈칸 시절에 시
작된 것이다. 1218년 신생 호라즘Khorezm왕조의 샤shah(왕)는 어리석
게도 칭기즈칸이 보낸 상단을 몰살했다. 그때까지 몽골의 군주가 세
계 정복을 기도했다는 증거는 없다. 샤가 상단을 몰살시키지 않았다

---

* 플라노 드 카르피니·윌리엄 루브룩,《몽골 제국 기행: 마르코 폴로의 선구자들》, 김호동
옮김 (까치, 2015), 445.

면 그 또한 초원에 자리 잡고 멀리 상단을 보내 물자를 얻는 방식으로 몽골제국을 운영했을지 모른다. 그러나 이 사건으로 처절한 서정이 시작된다.

몽골제국을 오가며 《세계 정복자의 역사*Tarikh-i Jahangushay*》를 쓴 페르시아의 역사가 아타말릭 주베이니Atâ-Malik Juvayni는 칭기즈칸이 부하라Bukhara를 점령한 후 예배당에서 이렇게 말했다고 전한다. "그대들은 죄를 지었다. 그대들이 죄를 짓지 않았다면 알라가 나를 보내지 않았을 것이다." 제국의 정벌 자체가 신의 의지의 실현이라는 뜻이다. 후대의 칸들은 정복 전에 언제나 사신에게 이러한 내용의 서한을 들려 보냈다. "하늘이 칭기즈칸 가문에게 세계를 정복하라는 의무를 부여했다. 반역하는 자는 모두 죽는다."

정말 이런 예언자적 신념 탓에 세계를 정복하러 나선 것일까. 관련해서 《몽골비사*Mongγol-un niγuća tobčiyan*》**는 눈여겨볼 만한 흥미로운 일화를 전한다. 호라즘왕조를 공격하기 전에 칭기즈칸의 장남 주치와 차남 차가타이가 칸의 면전에서 멱살을 잡고 싸우다가, 차가타이가 "이럴 바에는 차라리 (셋째) 오고타이Ogotai를 후계자로 삼읍시다"라고 했다는 것이다. 분을 삭이지 못한 주치도 이에 동의했다. "차가타이와 더불어 힘을 바치겠습니다. (칸으로) 오고타이를 지명합시다."

** 몽골의 현존하는 가장 오래된 역사서다. 1227년 칭기즈칸 사망 직후 몽골어로 기록되었고, 14세기 《원조비사(元朝秘史)》라는 제목의 한문본으로 옮겨졌다. 기본적으로 편년체 형식인데, 대부분 칭기즈칸과 관련된 내용이다. 이하 《몽골비사》 인용은 다음 책 참고할 것. 《몽골비사》, 유원수 옮김 (사계절, 2004).

그러자 칭기즈칸은 이렇게 두 아들을 달랬다. "더불어 할 것이 뭐 있느냐. 어머니 대지는 넓다. 강과 물은 많다. 서로 충분히 떨어질 만큼 영지를 넓혀라!"

일Ⅱ칸국*의 역사가 라시드웃딘Rashīd ud-Dīn Fadu'llāh도 칭기즈칸이 "중심에서 어느 방향으로 가든 1년이나 걸리는 광대한 왕국을 자식들을 위해 정복해 완성했노라"라고 말했다고 전한다. 우리는 앞서 흉노와 동호 사이에, 게르마니아인들의 여러 부족 사이에 충돌을 방지하기 위한 공지가 있었다는 것을 보았다. 이처럼 서로 멀리 떨어뜨려서 부딪히지 않게 하면 될 것 아닌가. 칭기즈칸의 사고는 분명 이런 식이었다. 땅이 크면 충돌할 필요가 없다. 그렇다면 그의 자식들도 제 자식들이 서로 싸우는 것을 막기 위해 정복에 나섰을까. 그들이 정복을 진지한 의무로 받아들였다는 점 외에는 확실한 것이 없다. 몽골제국 이전에 그런 식의 정복은 존재한 적이 없었으므로.

약간의 실리적 이유를 살펴보자면 대정복의 동기 중 하나는 가난이었던 듯하다. 칭기즈칸이 피의 투쟁을 벌여 초원을 통합했지만, 전쟁으로 기진맥진한 상태였다. 남쪽의 여진은 몽골이 겁을 주거나 회유해서 필요한 물자를 얻어낼 수 있는 호락호락한 상대가 아니었다. 가뜩이나 배고픈데, 상단이 살해당하는 등 정주세력에 완강히 거부당하자 더욱 독이 올랐던 듯하다. 칭기즈칸은 초원의 세력들을 통합

---

* 칭기즈칸 사후 세 아들과 손자가 세운 변경국가 중 하나다. 네 칸국은 킵차크(Kipchak)칸국(장남 주치와 그의 아들 바투Batu), 차가타이칸국(차남 차가타이), 오고타이칸국(삼남 오고타이), 일칸국(손자 훌라구)이다.

하며 일생의 대부분을 보냈다. 몽골고원의 상쟁相爭은 기존의 어떤 싸움보다도 길었다. 초원은 혹독한 곳이라 남자가 자리를 비우면 가축이 줄어든다. 초원을 통합하는 싸움이 끝날 무렵 몽골은 극도로 피폐해졌을 것이다. 몽골에 남은 것은 재산이 아니라 싸움만 아는 전사들이었다. 가축과 물자를 주어 그들을 안정시키지 못한다면 칸의 자리를 지킬 수 없다. 역대 수많은 전사-군주의 운명을 따라 칭기즈칸도 호랑이 등에 올라탄 셈이다.

마침 호라즘왕조가 상단을 학살하면서 칭기즈칸의 분노는 정복 에너지로 바뀌었다. 그에게 살인은 너무나 익숙한 일이었다.《몽골비사》에 따르면 심지어 탕구트Tangut 정벌전에서 부상당해 죽어갈 때조차 이렇게 말했다고 한다. "탕구트의 어머니, 아버지와 그 자손들을 철저하게 죽여 없애고, 음식을 먹을 때도 '죽여 없애겠다'라고 말하라."

몽골제국은
왜 그토록 살육했을까

라시드웃딘은 호라즘왕조 점령 당시의 상황을 이렇게 전한다. "젊은 여자들과 아이들은 포로로 끌고 가고, 나머지 사람들은 처형하기 위해 병사들에게 분배했다. 전하는 바에 따르면 병사 한 명당 24명씩 나눠주었는데, 몽골제국의 병사는 5만 명이 넘었다고 한다. 간단히 말해 모두 죽였다."

비록 과장이 있더라도 여러 역사가가 비슷하게 증언하므로 이 기록은 날조가 아니다. 멀리 흉노와 위구르는 물론 몽골제국 출현 직전의 거란과 여진, 셀주크튀르크까지, 그 어떤 유목민도 오아시스 도시를 이렇게 완전히 파괴한 적은 없었다. 몽골제국이 저지른 살육의 규모와 범위는 방대하다. 카르피니는 슬라브Slav족이 겪은 참상을 생생히 전한다. "우리가 그 지방을 여행했을 때 수도 없이 많은 사람의 해골과 뼈가 땅에 널려 있는 것을 보았습니다. 키예프Kiev는 매우 크고 인구가 밀집된 도시였지만 지금은 거의 아무것도 아니게 되어버렸습니다. 현재 그곳에는 겨우 200호 정도만 남았습니다."

몽골제국은 투항하면 살려준다고 약속하고는, 무장 해제 후 조직적으로 죽이거나 화살받이로 써버렸다. 바그다드 학살이 그 정점이었다. 중국에서의 상황도 마찬가지였다. 화북 인구는 금나라 말기 5,000만 명에 이르렀지만, 1935~36년의 인구 조사에서는 1,000만 명이 채 안 되는 것으로 파악되었다. 이주하거나 도주한 사람, 영주들의 부속민까지 모두 포함하면 최소 2,000만 명은 되었을 테지만, 몽골제국의 침략이 화북을 처절하게 고갈시켰음은 명백하다. 제국은 오고타이칸이 원나라를 세우고 세금 도급제를 폐지할 때까지 그저 파괴할 뿐 통치를 방기했다. 징세권을 가진 비非한족 무슬림들은 자기 몫을 먼저 챙겼다. 유순한 오고타이칸마저 아예 농민들을 없애고 화북을 초지로 만들자고 해서 공신 야율초재耶律楚材를 기겁하게 했다. 쿠빌라이칸이 다스릴 시기(1260~94)에 이르러서야 진정한 통치 개념이 회복된다. 그는 송나라를 무너뜨릴 때, 선대의 학살 방식을

수류탄처럼 화약을 넣어 터뜨리는 몽골제국의 무기. 일본 침공 때도 사용되었다. 수도박물관(중국).

따르지 않았다. 드디어 농지를 생산 기반으로, 농민을 생산자로 본 것이다.

몽골이 왜 그렇게 살육에 집착했는지는 여전히 논쟁거리다. 정복이란 기본적으로 권력을 이용해 인민과 부를 얻고자 함이 아닌가. 그들은 수가 너무 적었고 통치를 정당화할 유무형의 자산도 거의 없었기에 오히려 잔인해졌던 듯하다. 떨쳐 일어나기 전 몽골은 알타이산맥을 넘어간 적이 없으므로 서쪽에서는 소유권을 주장할 것이 아예 없었다. 게다가 그들은 유목세계에서도 가장 동쪽의 변방인들이었다. 이전에 여진에게 쫓긴 몽골계 거란이 서쪽으로 와서 셀주크튀르크를 몰아내고 서요를 세웠지만, 이들 불교도는 고도로 문명화되어 이슬람의 바다에서 정밀한 문화 정책을 펼치며 생존했다. 또한 인도 아대륙 북부부터 아나톨리아까지 길게 뻗은 이슬람-튀르크벨트는 문명의 수호자 역할을 톡톡히 해냈다. 델리술탄Delhi Sultan 왕국은 몽골의 침략을 성공적으로 막아냈고, 이집트의 맘루크왕조도 서진을 막아냈다. 아마도 먼저 자리 잡은 튀르크 특유의 투지가 그들을 고무했던 듯하다.

몽골은 어디서든 야만인 취급을 받았다. 호라즘왕조를 칠 때 칭기즈칸이 탕구트에게 병력을 요청하자 이런 답이 왔다. "병력을 빌리는 주제에 네가 무슨 칸이냐." 몽골은 워낙 소수라 점령지에 주둔군을 둘 수 없었고, 정주민을 믿지도 않았다. 정주세계의 상층부를 차지한 튀르크계 지배자들도 한결같이 몽골을 무시했다. 유럽에서 헝가리 기사들의 강력한 저항에 부딪혀 공황에 빠진 전사들에게 바투가 칼을 빼 들고 말했다. "도망치면 한 명도 살아남지 못할 것이다." 그들은 적진을 가로질러 온 외떨어진 세력이라 돌아갈 길이 막히면 살아남지 못한다. 대들 수 있는 이들을 철저하게 죽여 저항 의지를 꺾어놓고 다음 장소로 움직인 이유다. 소수가 다수를 정복할 때 쌍방의 목숨값이 같아서는 안 된다. 한 명이 100명을 상대하려면, '종種' 자체가 달라야 한다. 즉 인간은 몽골과 그 나머지로 구분되어야 한다. 이렇게 '몽골'이라는 정체성을 주입하고 단련한 결과 지옥의 전사들이 탄생했다.

자유를 포기하고
강함을 얻다

우리는 칭기즈칸을 오해하고 있다. 그는 유목적·원시적이기는커녕 극도로 정주적·인위적인 정치가였다. 어린 시절 씨족에 버림받고 싸움에 패할 때마다 배신당한 경험이 있기에, 부족 따위의 느슨한 유대를 믿지 않았다. 몽골제국의 군대가 강했던 것은 그들이 말을 타고 자유롭게 움직였기 때문이 아니라, 기병(유목)에게 보병(정주)의 규율을 입혔기 때문이다. 전략가로서 그와 가장 비슷한 인간은 초원의 선대 칸(카간)들이 아니라 병영국가 진秦나라의 시황이다.

스키타이부터 돌궐과 위구르까지 유목민들은 전투에서 달아나는 것을 부끄러워하지 않았다. 습격하고, 달아나고, 반격하다가, 여의치 않으면 멀리 퇴각하는 것이 그들의 전법이었다. 더 강한 상대와 정면으로 부딪쳤다가 한 번 패하면 다시 일어서지 못하고 순식간에 흩어지기 때문이다. 그러나 칭기즈칸은 달랐다. 1211년 그는 몽골제국의 전 병력을 동원해 막상막하의 기병을 보유한 데다가 강력한 보병의 지원까지 받는 금나라를 공격했다. 중과부적인 상황에서 정면 대결을 펼친 유목민은 그때까지 없었다. 그는 기존 유목민의 실용적 방식을 따르는 대신, 정주민 군벌이 할 법한 모험을 감행한 것이다.

먼저 칭기즈칸은 부족 연합체 대신 대몽골 울루스라는 거대 단위를 만들었다. 그 안에서 전사들은 10호, 100호, 1,000호, 1만 호(튜멘 Tumen) 단위로 조직되었고, 이는 기존의 씨족, 부족 체제를 완전히 뛰어넘었다. 로마의 보병 군단 체제와 다르지 않았다. 누구도 자신이 속한 1만 호 밖을 벗어나 다른 1만 호로 들어갈 수 없었다. 칭기즈칸은 자신의 친위대(케식Kheshig)에서 사람을 뽑아 1만 호의 지휘관으로 임명함으로써 초원 전체의 군권을 장악했다. 이것은 전국시대 진나라의 법가 군주들이 처절한 상쟁 과정에서 관철한 병농兵農 일치제를 초원에서 병목兵牧 일치제로 재현한 것이다. 카르피니는 몽골군이 명령 없이 퇴각하는 자, 약탈을 위해 대오를 이탈한 자를 "가차 없이 사형시켰다"라고 전한다. 그들은 보병처럼 십진법 단위로 일사불란하게 움직이며 함께 전진하고 퇴각했다. 말에서 떨어진 동료를 구하지 않는 자도 군법에 따라 처단했다. 심지어 군대의 질서를 유지하지 못한 호장의 아내와 자식까지 죄인으로 간주했다. 이것은 진시황의 군법과 토씨 하나 다르지 않다. 그때까지 이런 군법으로 움직이는 대규모 기병 군단은 없었다. 흉노는 물론 돌궐의 전사들은 불리하면 달아났다. 거란은 대형을 갖춰 이동하는 잘 훈련된 기병 10만 명을 두었지만, 여전히 부족 중심의 동원 체제를 유지했다. 정주민의 군율을 차용해 초원의 시스템을 바꾼 이가 바로 칭기즈칸이다. 초원에서 튜멘을 최고 단위로 하는 군제는 역사가 길지만, 기존에는 전투 시에만 조직했다면, 칭기즈칸은 평시에도 방목 단위로 삼았다. 친위대는 여러 부족(씨족)에서 뽑은 용사들인 동시에 인질이었다. 결국 칭기즈칸의 몽골제국은 거대한 병영국가 그 자체였다.

병영국가는 병사는 물론이고, 천하고 배제된 계층의 자유가 희생되지 않고서는 만들어질 수 없다. 몽골제국의 말단 관료로서 봉사했던 폴로마저 쿠빌라이칸의 시대를 이렇게 묘사한다. "키타이(중국, 특히 화북 사람)는 대칸의 통치를 증오했다. 그가 대개 통치자로 타타르Tatar(몽골), 아니 사라센인을 보냈고, 키타이는 마치 노예처럼 취급(했기 때문이다.) …… 또한 대칸의 키타이 지배는 마땅한 권리가 아니라 무력에 따른 것으로, 이런 이유로 대칸 또한 그들을 믿지 못했다."

폴로가 쿠빌라이칸 이전 시대를 보았다면 기록은 더욱 처참했을 것이다. 이전에 카르피니는 몽골제국에 복속된 여러 민족이 견딜 수 없을 정도의 속박에 시달리고 있음을 보았다. 세계는 더욱 연결되었지만, 그 성취는 파괴가 아니라 지난한 복구의 결과였고, 제국 자체는 유목문명사의 한 변이에 불과했다. 유목사회의 생산은 기본적으로 분산식이다. 평상시 유목민은 규모가 너무 커지는 것을 반기지 않는다. 18세기 이래 러시아의 변경 관리들은 카자흐식 '유목 민주주의'

울란바토르 근교의 칭기즈칸 거상(위)과 수흐바타르광장의 칭기즈칸
좌상(아래). 소련이 붕괴하자 몽골에서 칭기즈칸은 살인마에서 세계
에서 가장 위대한 인간으로 변신했다.

를 자세히 기록했다. 그들은 카자흐의 대회합(쿠릴타이Kurultai)을 칸을 견제하기 위한 수단으로 판단했다. 충분한 목초지가 있다면 부족들은 서로 떨어져 살았고, 전쟁의 위협이 있을 때만 칸을 중심으로 뭉쳤다. 평상시 카자흐는 칸을 원하지 않았다.

소련이 무너지고 몽골공화국의 수도 울란바토르Ulan Bator 한가운데 있는 수흐바타르Sükhbaatar광장으로 칭기즈칸이 돌아왔다. 소련 치하에서 칸의 이름을 마음대로 부르지 못하던 몽골인의 심정은 이해할 수 있다. 그러나 일제가 대동아주의大東亞主義의 상징으로 칭기즈칸을 떠받들던 행태를 21세기의 한반도인들이 모방할 필요가 있을까. 마오쩌둥毛澤東이 말한 대로 그는 "하늘이 내린 일세의 준마[一代天驕]"였다. 하지만 말이란 원래 축생이라, 올라타려고 기르는 것이지 그 발굽에 짓밟히려고 키우는 것이 아니다. 나는 유목문명을 연구하지만, 칭기즈칸의 통치는 받고 싶지 않다.

18 티무르, 신을 악용한 군주

세상의 모든 전쟁은 정의를 가장한 약탈 행위인데, 종교전쟁이 그중 가장 위험하다. 인간의 극한의 야만적 속성을 최상의 고결함으로 분식粉飾하는 가장 손쉬운 수단이기 때문이다. 종교전쟁은 정의正義(올바름)와 믿음의 구분을 파괴한다.

인류는 지난한 갈등으로 얻은 집단적 이성으로 사회적 정의의 관념을 구축했다. 예컨대 거의 모든 문명은 사람을 죽인 자는 자기 목숨으로 죗값을 치러야 한다는 원칙을 세웠다. 그것은 인간이라고 통칭되는 모든 이에게 똑같이 적용되므로(대개 군주라는 예외자가 있지만) 일종의 '보편 규범(정의)'이다. 보편 규범은 사회적 정의를 경험과 이성으로 증명할 수 있다는 합의 때문에 생겨난 것이다. 그러나 신앙이 개입되면 문제는 달라진다. 타 종교인, 또는 이단자를 죽여도 살인이 아니게 된다. 옳은 이가 그른 이를 죽이는 데 무슨 이유가 필요하며, 살인은 곧 심판인데 누가 심판자를 응징할 수 있는가. 십자군전쟁이 시작된 11세기부터 삼십년전쟁이 벌어지는 17세기까지, 유럽의 중세는 종교전쟁으로 점철되었다. 일상의 종교생활 또한 전쟁이었다. 14세기부터 18세기까지 이어진 마녀사냥으로 '남다른 여인' 수십만 명이 목숨을 잃고, 남은 재산은 살인자들의 차지가 되었다. 살인자가 심판자가 되자, 온갖 개탄스러운 이유가 종교의 가면 뒤에 숨을 수 있었다. 비슷한 상황이 유목문명사의 끄트머리에서도 관찰된다. 유목민의 전투 기술은 유목세계와 정주세계가 만나는 언저리에서 화약 무기와 결합해 파괴적인 효과를 발휘했다. 말을 타고 적을 습격한다는 것을 빼면 초원과 거의 단절된 이들마저 칭기즈칸의 후계자임을 자처하고 성전을 부르짖으며 정복전에 나섰으니 말이다.

대몽골 울루스의 위대한 유산, 보편 규범의 확립

강해지기 위해 유목세계와 정주세계는 서로의 특징을 재빨리 습득했지만, 두 사회에 동시에 적용될 만한 보편 규범을 확립하는 데는 양측 모두 굼떴고, 그사이 수많은 기형이 양산되었다. 유목세계의 위대한 군주들은 초원 출신답게 종교적 편견을 품지 않고 정주민의 경작지를 아꼈지만, 반대로 어떤 군주들은 종교적 이유로 살인을 일삼고 정주민 덕에 호사를 누리면서도 약탈을 거리끼지 않았다. 또 다른 군주들은 초원의 생활과는 완전히 멀어진 후에도 과거 유목제국의 영화에 집착했다.

칭기즈칸 가문의 거대한 몽골제국은 사실상 유목세계와 정주세계의 경계를 허물었고, 이로써 보편 규범의 확립이라는 문제에 부닥친다. 이것이 바로 제국이 세계사의 무대에 던진 가장 큰 화두였다. 가장 많은 인구를 거느리고 가장 원대한 포부를 지녔던 쿠빌라이칸이 가장 먼저 각성했다. 그는 제국을 원활히 통치하기 위해 다수자인 한족이 관직을 차지하는 것은 방해했지만, 그들이 법의 보호를 받거나 경제적으로 번영하는 것은 막지 않았다. 그 덕에 중국 남부의 한족 상인들은 제국의 거대한 교역망을 이용해 전례 없는 수준의 부를 축적했다. 폴로는 항주의 거상들이 얼마나 부유한지 "유럽인들이 보면 분명 왕으로 착각할 것"이라며 경탄했다. 쿠빌라이칸은 이슬람의 종교전쟁을 경멸했지만 이슬람 자체를 탄압하지는 않았고, 기독교도가 아니었지만 그 의식은 받아들였다(명나라는 '외래 종교'인 기독교를 추방 대상에 올림으로써 원나라의 색을 지우려 했다). 그는 자신의 '보편 제국' 안에서 종교전쟁을 벌이는 행위를 용납하지 않았다.

페르시아를 공략하며 일칸국을 세운 훌라구는 무슬림들을 살육했지만, 그것을 종교와 연결 짓지 않았다. 암살로 이름이 높았던 이스마일리파Isma'ilism의 암살자단(니자리파Nizārī)을 철저히 응징한 것은 그들의 행동을 혐오했기 때문이고, 기독교도들에게 호의를 베푼 것은 다수 무슬림을 통제하기 위한 정치적 판단이자 기독교도 아내의 바람을 들어주기 위해서였다. 그는 쿠빌라이칸처럼 끝까지 우상 숭배자(불교도)로 남았다. 훌라구 사후 약탈과 살육의 광풍에 대한 반성이 즉각 일었다. 후임 아바카칸Abaqa Khan은 군대를 옮길 때 "곡식 이삭을 한 올도 밟지 않으려고 노력했다." 일칸국의 일곱 번째 칸 가잔칸Ghazan Khan은 쿠빌라이칸의 비전을 실현하고자 했던 정력적인 군주였다. 그는 무슬림이 되고 나서 기독교나 불교의 성소를 파괴했지만, 그것은 대다수가 무슬림인 나라에서 몽골제국의 통치를 유지하기 위해서였던 듯하다. 연장선에서 그는 걸핏하면 농민들을 약탈하는 고관들을 향해 준엄하게 경고했다. "당신들은 내가 (농사짓는) 타지크Tajik인을 약탈해도 된다고 허락하기를 바랄 것이다. 그러나 그들을 약탈하고 나에게 식량을 구걸하러 오면 가만두지 않겠다." 중국에서 오고타이칸이 시작해 쿠빌라이칸이 완성한 보편 규범의 기준이, 몇십 년 지나 페르시아에도 정착된 셈이다. 이처럼 종교를 초월해 정착민을 대하는 태도는 점점 대몽골 울루스의 기준이 되어갔다. 쿠빌라이칸과 대권을 겨뤘던 오고타이칸의 손자이자 가문의 적자 카이두칸Kaidu Khan은 이에 관한 한 쿠빌라이칸과 생각이 같았다. 유목민이 다스리지만 경제적 기반은 정주민이다. 약탈과 착취는 자신의 팔다리를 자르는 행위일 뿐이다.

복마전의 한복판에서
태어나다

차가타이칸국은 오랫동안 예외 지대였다. 이곳에 자리 잡은 몽골인들은 보편 규범을 실현할 의지를 발휘하기도 전에 끝 모를 내전의 소용돌이에 빠져버렸다. 차가타이칸국의 여덟 번째 칸 바라크칸Barak Khan은 필요시 자기 치하의 도시들을 약탈하는 짓도 서슴지 않았고, 카이두칸이 그를 책망하자 발끈해 무력으로 대응했다. 일칸국을 치기 위해 잠시 카이두칸과 화해했을 때는, 그의 권고에 따라 농민들을 회유해 농사짓게 하지만, 추수한 것을 바로 빼앗아 군자금으로 써버렸다. 그러자 적인 아바카칸마저 이렇게 조소했다.

> 그대가 진실로 알아야 할 사실은 세상의 왕국은 폭정과 강압으로는 만들어지지 않으며, 백성을 위무하고 양육하며 지고한 신의 명령과 금령과 한계를 지켜야만 가능하다는 것이다.*

1270년 바라크칸은 기어이 일칸국을 쳐들어가 주요 도시인 니샤푸르Nishapur를 약탈했지만 결국 패해 병들어 죽고, 아바카칸은 그 복수로 차가타이칸국의 히바Khiva와 부하라를 약탈했다. 13세기 말부터 14세기 초까지 차가타이칸국의 칸들은 전투의 손실을 벌충하고,

---

* 라시드 앗 딘, 《일 칸들의 역사: 라시드 앗 딘의 집사 4》, 김호동 옮김 (사계절, 2018), 181.

전사들을 만족시키며, 자원을 얻기 위해 강력한 몽골과 튀르크 이웃들 대신 델리술탄왕국을 여러 차례 공략하지만 모조리 격퇴당했다. 델리술탄왕국의 지배자들은 튀르크계 기마 전사들인 데다가 코끼리 부대로 무장한 상태였다. 더욱이 당시 세계 최고 수준이었던 이슬람의 기계·관개 기술을 인도 아대륙에 도입해 생산력과 인구를 크게 키웠고, 힌두교도들을 강제로 개종시키는 대신 동반자로 인정해 기층민의 지지가 탄탄했다. 이처럼 빈틈없이 준비된 세력을 공격했으니, 설사 약탈에 성공해도 곧바로 사로잡혀 코끼리에게 밟혀 죽는 일이 비일비재했다.

차가타이칸국의 칸들이 유독 호전적이어서 그랬던 것은 아니다. 중앙아시아에 자리해 개입하는 세력이 너무나 많았고, 상대적으로 전사들을 부양할 초지도 부족했다. 13~14세기 차가타이칸국 일대에서 벌어진 분쟁이 세계사에 미친 유일하게 긍정적인 영향은 바닷길을 넓혔다는 것이다. 분쟁 지역을 통과하는 것이 어려워지자, 서아시아와 델리술탄왕국을 비롯한 인도 아대륙, 중국의 상인들은 바다에 배를 띄우기 시작했다.

각지의 칸들이 보편 규범을 확립하려 노력하던 그때 몽골제국은 퇴조를 겪었다. 14세기 중반 일칸국은 붕괴했고, 킵차크칸국과 차가타이칸국은 분할되었으며, 직계 국가인 원나라는 한족 반란군에게 밀렸다. 간단히 말해 몽골제국은 파괴의 대가를 치르는 중이었다. 그리고 최악의 혼돈을 겪는 차가타이칸국에서 유목민과 정주민의 잔인한 점만 습득한 희대의 정복자 티무르Timur가 태어났다.

우즈베키스탄 타슈켄트의 아미르티무르광장 한가운데 있는 티무르의 동상. 동상의 받침대에는 '정의의 힘(Strength in Justice)'이라는 문구가 쓰여 있다. 성전에 임하는 전사들이 내뱉는 입에 발린 구호지만, 그는 정의롭지 않았다.

죽이고, 죽이고,
또 죽이고

초지가 없는 사마르칸트Samarkand 남쪽 키시Kish에서 태어난 티무르는 비록 바를라스Barlas부 출신의 튀르크 귀족 전사였지만 사실상 정주민에 가까웠다. 그는 페르시아어를 쓰고 아라비아식 이슬람 성전의 이념을 따랐다. 또한 킵차크칸국, 모굴리스탄Moghulistan칸국과 싸우면서도 그 세계로 들어가지 않고, 대신 큰 강들 사이의 농경 - 사막 지대를 거주지로 선호했다. 그러므로 티무르제국을 유목제국으로 칭하는 것은 부적절하다. 그가 튀르크와 몽골에 배운 것은 기병 전술과 거대한 정복의 경험뿐이었다.

칭기즈칸 가문에게 압박받는 튀르크 군벌들의 기회주의를 제대로 배운 티무르는 경력의 출발조차 배신이었다. 1360년 투글루크 티무르Tughlugh Timur가 튀르크 군벌들의 혼란을 이용해 차가타이칸국을 재통일하려 하자, 그는 숙부 하지 바를라스Hajji Barlas를 배신하고 재빨리 항복했다. 투글루크 티무르가 떠난 다음에는 다시 돌아온 하지 바를라스에게 항복했다. 이후로도 유리하면 싸우고 패하면 항복하는 기회주의적 행동을 이어갔지만, 이 영민한 군인은 승리의 냄새를 맡는 재주가 있어서 기어이 튀르크와 몽골의 경쟁자들을 몰아냈다.

칭기즈칸 가문 출신이 아니라는 점 때문에, 방대한 땅을 차지하고도 칸이라 불리지 못한 티무르에게 이슬람은 구원이었다. 그가 죽은 직후 대학자 샤라프알딘 알리 야즈디Sharaf al-Dīn' Alī Yazdī는《승전기

Zafarnama》를 집필하며 생전 저지른 배신과 잔학 행위가 이슬람을 위한 선택이었다고 포장하지만, 역설적이게도 희생자의 대부분은 무슬림이었다. 성전은 정복을 정당화하기 위한 핑계였을 뿐이다. 고난의 시기와 성공의 시기에 비교적 초지일관한 태도를 보인 칭기즈칸과 달리, 이 기회주의자는 힘을 얻은 후에야 본성을 드러냈다. 중앙아시아의 오아시스 도시들을 다 차지한 후, 1379년 우르겐치Urgench를 함락한 다음부터 본격적인 살육과 약탈이 시작되었다. 동부 이란에서 반란이 일어나자 원정해 세이스탄Seistan(지금의 이란, 아프가니스탄, 파키스탄 접경 지역)의 수도 자란지Zaranj의 주민을 모두 죽였고, 중부 이란의 이스파한Isfahan에서 세금 징수원이 살해당하자 잔인하게 진압해 "7만 명의 머리가 성벽 밖에 쌓였고, 시내 곳곳에 해골 무지가 생겼다." 1393년의 바그다드 학살, 1396년의 사라이Sarai 학살 등 그의 잔학 행위는 끝없이 이어졌다. 1398년의 델리술탄왕국 원정은 그 이유가 유독 기괴했는데, 그곳의 튀르크 지배자들이 이교도(힌두교도)에게 너무 너그럽다는 것이었다. 쿠빌라이칸이 들었으면 대경실색했을 성싶다. 결전을 앞두고는 힌두교도 포로들을 집단 처형하고, 델리술탄왕국 함락 후에도 약탈과 살육을 멈추지 않았다. 어떤 기록은 죽은이가 10만 명이라 하고 어떤 기록은 20만 명이라 한다. 1401년 바그다드가 다시 배신하자 그는 9만 명을 학살하는 것으로 화답했다. 악순환의 원인은 간단하다. 중앙아시아의 생산력이 높아지지 않는 상태에서 군대 규모와 원정 횟수를 늘리려면 약탈이 필수적이었다. 반란과 재정복이 반복되었다는 것은 정복지 주민들이 이 약탈자를 지

배자로 받아들이지 않았다는 확실한 증거다.

유목세계와
너무나 멀어진 변종

1402년 티무르는 신생 오스만튀르크를 목표로 삼았다. 그는 술탄 바예지드 1세Bayezid I에게 경고를 담은 편지를 수통 보냈다(《승전기》에 그들이 주고받은 편지가 다수 수록되어 있다). "알라께서 네게 주신 것과 불신자들에게서 빼앗은 것에 만족하고, 알라께 은총을 받으려거든 다른 통치자들에게서 빼앗은 것을 당장 토해내라. 안 그러면 내가 알라의 도움으로 복수하리라." 바예지드 1세는 격하게 반응했다. "우리가 와서 너를 찾아내어 타브리즈Tabriz와 술타니야Soltaniyeh까지 추격하겠다. 그때는 하늘이 누구를 보우하시는지 보게 되리라."

하지만 소아시아의 혼성 군단은 몽골제국의 규율을 장착한 노련한 침략군을 막아내지 못했다. 1402년 오스만튀르크는 패해 기독교도 보조병들부터 모조리 살해당하고, 바예지드 1세는 생포되어 철창에 갇힌 끝에 자살로 생을 마감한다. 이제 티무르를 가로막는 것은 없어 보였다. 이듬해 티플리스Tiflis에서 다시 학살을 벌이고, 1405년에는 급기야 파미르고원을 넘어 명나라를 치려 했다. 그러나 원정 직전 급사한다. 파미르고원을 넘었다고 해도, 시체로 산을 쌓은 후 황금만 챙겨 떠난 델리술탄왕국 원정 때처럼, 비非이슬람권 점령지를 다스릴 의지나 능력이 없는 그로서는 단지 약탈 자체로 만족하고 떠났을 것이다.

바예지드 1세의 후손들은 어떻게 되었을까. 역사는 오묘하다. 강력한 지도자를 잃은 티무르제국은 순식간에 사분오열해 100년 후 완전히 사라졌지만, 오스만튀르크는 굴욕적인 패배를 겪고 50년이 지난 1453년 콘스탄티노플에 입성하더니 20세기까지 살아남았다. 14세기 초 겨우 몇만 장帳 규모의 유목집단에 불과했던 오스만튀르크는 어떻게 그런 성취를 이루었을까. 그들도 수없이 전투를 치렀지만, 티무르와 정반대의 길을 걸었다. 오스만튀르크 역사 연구의 대가로 인정받는 도널드 쿼터트Donald Quataert는 이렇게 평가한다.

> 오스만제국에 세계사적으로 중요한 위치를 부여해야 하는 더 명확한 이유는 오스만제국이 그 역사의 거의 대부분에서 보여준 관용적인 통치의 모범 때문이다. …… 무슬림과 기독교도 모두 아나톨리아와 그 너머에서부터 오스만의 깃발 아래로 경제적인 이익을 얻으려고 몰려들었다. …… 이 오스만 왕조의 대업은 종교적인 국가가 아니라 실용적인 국가로 만드는 것이었다. …… 전반적으로 오스만 신민들이 된 사람들은 이전 군주의 관료들에게 냈던 것보다 세금을 적게 내고 있음을 느꼈다.*

---

* 도널드 쿼터트, 《오스만 제국사: 적응과 변화의 긴 여정, 1700~1922》, 이은정 옮김 (사계절, 2008), 27-61.

한마디 보태자면, 1024년 제4차 십자군전쟁 때 콘스탄티노플이 처절하게 약탈당하지 않았다면 오스만튀르크는 결코 그곳으로 들어가지 못했을 것이다.

유목세계와 정주세계의 변경에서 탄생한 수많은 변형 중 티무르는 기이함의 절정을 보여주었다. 그는 초원에서 시작하지도 않았고, 초원의 방식으로 살지도 않았다. 그는 당시 세계에서 짝을 찾을 수 없는 화려한 궁전과 거대 건축물을 남겼다. 모두 살육으로 얻은 재화와 여기저기서 납치한 장인들의 노동력을 이용한 것이다. 이 책에 티무르의 삶을 기록하는 것은, 육체적으로나 정신적으로나 유목세계와 너무나 멀어진 이였는데도 수많은 책이 유목세계의 정복자로 묘사함을 경계하기 위함이다.

19   카자흐의 유목 민주주의

전쟁사에서 1449년 오이라트의 수령 에센Esen이 명나라의 여섯 번째 황제 정통제正統帝를 사로잡은 일을 빼놓을 수 없는데, 이야기의 흥미진진함보다도 기마전의 석양을 상징하는 사건이기 때문이다. 반세기 후 사파비Safavi 왕조의 초대 샤 이스마일 1세Ismail I 는 메르브Merv에서 우즈베크Uzbek를 선제공격해 격파하고, 그들의 칸 무함마드 샤이바니Muhammad Shaybani를 죽인 다음 해골로 술잔을 만들었다. 페르시아의 정주민이 (상당히 정주화되었다지만) 튀르크를 상대로 거의 500년 만에 승리를 거둔 것이다! 또다시 반세기가 지난 1552년 뇌제雷帝 이반 4세Ivan Ⅳ의 포병 부대가 날린 대포알이 카잔Kazan 칸국의 성벽을 허물고, 물밀 듯이 틈입한 러시아군에게 몽골‑튀르크 수비대가 학살당하며 킵차크칸국은 완전히 무너졌다.* (몽골군이 성을 지키다니!) 겨우 100년 사이에 기병이 포병에게 전쟁의 주인 자리를 넘겨준 것이다. 제2차 세계대전 초반 몽골‑키르기스 기병대가 히틀러의 기관총 부대로 돌격해 최후의 일인까지 장렬하게 전사함으로써, 기병은 시대착오적이지만 그만큼 숭고한 마지막 소임을 완수했다.

힘의 중심이 명백하게 정주세계로 옮겨지던 당시, 유목집단이 설 자리는 어디였을까. 15세기 중반부터 유라시아를 무대로 벌어진 복잡다단한 사건들을 모두 서술하고자 한다면, 이 책을 끝낼 수 없을 뿐더러 오늘날 우리 앞에 놓인 도전에 초점을 맞출 수 없다. 나는 크게 알타이산맥과 천산산맥이 연결되는 선을 기준으로 서쪽(카자흐)과 동쪽(몽골)에서, 15세기에 시작되어 오늘날까지 이어진 유목세계의 마지막 변화를 약술하고 그 의미를 정리한 다음 현대의 유목문명을 살펴보고자 한다. 이제 좀더 구조적이고 인류학적인 질문으로 돌아갈 차례다. 유목주의, 또는 유목정신이란 존재하는가. 존재한다면 그 인류사적 의의는 무엇인가.

---

* 킵차크칸국은 쇠퇴하며 여러 나라로 쪼개지는데, 그중 대표적인 것이 카잔칸국과 크림칸국이다. 카잔칸국은 위치상 모스크바를 바로 공격할 수 있었기 때문에, 러시아로서는 가장 먼저 제압해야 할 상대였다.

카자흐가 되살린
자유의 가치

카자흐는 '떨어져 나간 사람', 나쁘게 말하면 '반도叛徒'요 좋게 말하면 '자유민'이다. 오늘날에도 유라시아 스텝 지대 서쪽의 거대한 국가 카자흐스탄의 초지에서 여전히 유목민의 방식대로 살아가고 있는 카자흐를 만날 수 있다. 카자흐란 명칭은 내가 앞서 제시한 유목 세계의 첫 원리인 '자유'와 맞아떨어진다. 카자흐스탄의 역사학자 잠블 아르특바예프Zhambyl Artykbaev는 카자흐가 이 땅에 들어와 자리 잡던 때를 이렇게 묘사한다.

> 카자흐는 새 땅을 찾기 위해 싸울 필요가 없었습니다. 유목이라는 생활 방식이 필요한 것을 모두 제공했지요. 카자흐칸국은 문명화된 사회였습니다. 전체주의나 권위주의의 전통과 착취가 없었습니다. 노예제나 농노제도 없었지요. 이런 까닭에 저는 우리가 평화로운 민족이 되었다고 생각합니다.*

역사에 관한 주장이 대개 그렇듯, 이 또한 일말의 진실만 담고 있다. 먼저 15세기 말 카자흐가 카자흐칸국이라는 독립적인 세력을 이룰 때의 상황을 재구성하기도 어렵거니와, 당시 그들 안에도 다른 세

---

* 자세한 내용은 다음 웹페이지 참고할 것. "Немного о Казахском ханстве", *QAZAQSTAN TARIHY*, last modified Jul 22, 2015, https://e-history.kz/ru/projects/show/23226/?sphrase_id=54285.

카자흐 매사냥꾼. 21세기에도 여전히 유목민의 방식으로 살아가는 카자흐가 있다.

계에서 보이는 모든 모순이 존재했다는 근거는 충분하다. 침략과 방어, 내전이 이어졌고, 외국인 노예들을 거래했으며, 전쟁 포로들을 경작지에서 부렸다.

그렇지만 카자흐칸국이 러시아(북방)에 존재하던 강고한 농노제 및 우즈베크칸국(남방)에 존재하던 거대한 노예 시장과 선명하게 대비되는 '비착취'와 '자유'의 특성을 가졌던 것은 명백한 사실이다. 17세기 이래 차르의 코사크Cossack* 용병들은 카자흐칸국을 압박하기 위해 요새를 세우고 약탈을 일삼으며, 심지어 주민들을 잡아다가 노예로 팔기까지 했다. 러시아는 거대한 노예 공급지이자 소비지였다. 보복에 나선 카자흐칸국도 러시아의 식민지들로 쳐들어가 포로들을 사로잡은 다음 땅을 가는 예속민으로 쓰거나 히바나 부하라의 악명 높은 노예 시장에 팔아버렸다. 그러나 분명한 것은 코사크는 처음부터 부리고 팔 목적으로 공격했지만, 카자흐칸국은 침략을 막기 위해 대응했다는 점이다. 사실 카자흐칸국은 19세기 말까지 절대다수가 가축을 기르는 유목 위주의 사회였으므로 가내 노예는 물론 농노도 필요하지 않았다.

유목경제 체제에서는 착취라 부를 만한 것이 존재하기 어렵다. 사실상 완전한 공유지인 하영지夏營地와 몇몇 가구가 공동으로 점유하

---

* '카자흐'와 '코사크'는 어원과 의미가 같지만, 러시아인들은 튀르크계 카자흐와 슬라브계(주로 우크라이나계) 비(非)농노를 구분하기 위해 카자흐와 키르기스를 뭉뚱그려 '키르기스'라 불렀다. 오늘날의 키르기스스탄은 카라키르기스(Kara-Kirghiz)로 불렸다. 훗날 코사크는 우크라이나 건국의 초석이 된다.

는 동영지冬營地, 가구마다 독점적으로 소유하는 가축이 재산의 전부이기 때문이다. 18세기의 목격자들에 따르면 가축 수천 마리를 거느린 부유한 이는 극소수였고, 대다수는 수십 마리에서 100마리 사이를 거느리는 고만고만한 수준이었다. 칸국은 칸의 권위에 의존했지만, 차르식 전체주의와는 전혀 달랐다. 칸 아래에는 여전히 칸이나 술탄으로 불리는 부족장들이 있어, 중대사를 처리할 때는 반드시 협의를 거쳤다.

환대의 모범을 보여준
초원 사람 카슴칸

이러한 정적인 지표들에 더해 카자흐칸국 형성 당시의 상황이 '유목 정신'의 존재를 정황상으로나마 증명한다. 14세기 말부터 15세기 초까지 티무르는 킵차크칸국을 뒤흔들어 놓았지만, 그가 죽고 나서 제국은 급격히 분열했고, 따라서 유목민들이 다시 중앙아시아의 오아시스 도시들을 노리는 상황이 되었다. 이 움직임을 주도한 이가 킵차크칸국 좌익**의 우즈베크를 이끈 아불 하이르 칸Abul Khair Khan이었다. 시르다리야강을 건너 내려온 그는 사분오열되어 힘을 쓰지 못하

** 몽골은 전통적으로 (시대에 따라 약간의 차이는 있으나) 부족들을 좌익과 우익으로 나누었다. 중간의 칸이 중국, 즉 남쪽을 향한 상태가 기준이므로 좌익은 동쪽(고비사막의 북동쪽)이, 우익은 서쪽(고비사막의 남서쪽)이 된다.

는 티무르의 후예들을 가뿐히 정리하고, 킵차크칸국은 물론 옛 차가타이칸국의 영역까지 통합을 꾀했다. 그러나 당시는 오이라트가 극강으로 부상한 때였다. 1457년 아불 하이르 칸은 서쪽으로 진출한 오이라트에게 완패하고 달아날 수밖에 없었다.

이때 아불 하이르 칸 수하의 두 수령 케레이Kerey와 자니베크Janibek가 떨어져 나가 제티수Zhetysu 지역(지금의 카자흐스탄 남동부)을 중심으로 장막을 펼치니, 이것이 바로 카자흐칸국이다. 그들은 동쪽의 모굴리스탄칸국에 손을 내밀었다. 당시 서진하는 오이라트와 북방 키르기스에게 위협을 느끼던 모굴리스탄칸국의 에센부카칸Essenbuka Khan은 제안을 기꺼이 받아들였다. 이로써 카자흐칸국은 피 흘리지 않고 천산산맥 북서부의 광대한 초원에 발을 디딜 수 있었다. 물론 시르다리야강 이남의 오아시스 도시들과 초원을 포괄하는 제국을 재건하려 한 아불 하이르 칸에게 카자흐칸국의 이탈은 기회주의적 처사에 불과했겠지만, 오늘날 카자흐스탄의 역사가들은 안정된 목장을 찾아 나선 평화로운 이동으로 해석한다. 그 후 시르다리야 강변의 도시들을 두고 우즈베크와 계속 충돌했지만, 이는 단순한 팽창과 약탈보다는 분명 안보적 대응에 가까웠다. 카자흐칸국의 세계관과 현실 인식은 세 번째 지도자 카슴칸Kasym Khan의 행동에서 바로 볼 수 있다.

카슴칸은 러시아와 외교 관계를 맺고, 1522년 죽을 때까지 모굴리스탄칸국과 우호 관계를 이어갔다. 당시 극심하게 이합집산을 거듭하던 중앙아시아에서 이렇게 안정적인 외교 관계를 이어간 예는 드물다. 1513년 이뤄진 카슴칸과 모굴리스탄칸국의 술탄 사이드 칸 Sultan Said Khan의 만남이 《라시드사_Tarikh-i-Rashidi_》*에 생생하게 기록되어 있다. 당시 그들은 우즈베크를 상대로 양동 작전을 펼치고 있었다. 60대 중반을 넘긴 카슴칸은 서른 살도 채 안 된 술탄 사이드 칸을 최고의 예로 맞이했다. 예하 부족장들에게 나이에 상관없이 무릎을 꿇고 술탄 사이드 칸을 맞이하라고도 명했다. 당시 카자흐칸국의 힘은 모굴리스탄칸국을 능가했는데도 말이다. 《라시드사》의 저자는 50~60대 부족장들이 무릎을 꿇고 환대하는 모습에 경탄을 금치 못했다. 술탄 사이드 칸을 환대하는 카슴칸의 목소리는 부드러웠다.

"저희는 사막(초원) 사람들이라, (정주지의) 부자들이 하는 예법이나 형식은 없습니다. 우리의 가장 값나가는 소유물은 말이고, 가장 좋아하는 음식은 말고기, 가장 즐기는 일은 말 젖 짜기와 그걸로 무언가를 만드는 것입니다. 우리나라에 정원이나 건물 등은 없습니다. 우리의 주요 소일거리는 가축을 돌보는 일입니다. 그러니 우리 함께 나가서 말 떼를 보고 즐기며 잠시 시간을 보내시지요."

몽골의 후손이지만, 이미 페르시아어를 자유자재로 구사하고, 널따란 궁전에서 생활하는 술탄 모굴 칸에게 '야만인'을 자처하는 카슴칸이 신선하게 보였을 것이다. 말 떼를 보며 카슴칸이 말을 이었다.

---

* 술탄 사이드 칸 휘하의 장군이자 역사가인 미르자 무함마드 하이다르 두글라트(Mirza Muhammad Haidar Dughlat)가 썼다. 자세한 내용은 다음 책 참고할 것. Mirza Muhammad Haidar Dughlat, _A History of the Moghuls of Central Asia: The Tarikh-I-Rashidi_, ed. N. Elias (Cosimo Classics, 2008).

"제게 온 무리에 버금가는 말 두 마리가 있습니다. 우리 사막 사람들은 말에게 생명을 맡기고 있습니다. 저는 무엇보다도 이 두 마리를 믿고 있습니다. 녀석들과는 떨어질 수가 없습니다. 하지만 당신은 제 존경하는 손님이시니, 더 마음에 드시는 녀석을 골라 가지시고 남은 녀석을 제게 주셨으면 합니다."

술탄 사이드 칸은 우간 투르크Ughan Turuk라는 녀석을 골랐는데, 정말 그보다 좋은 말을 본 적이 없었다. 카슴칸은 다른 말도 몇 마리 골라 그에게 주고는 안으로 데리고 와 마유주를 권했다. "이것이 저희의 환대법입니다. 당신께서 이것을 드시면 저는 큰 영광으로 생각하겠습니다."

금주를 맹세한 독실한 무슬림인 술탄 사이드 칸은 정중히 거절했다. "저는 (술을) 마시지 않겠노라고 맹세했습니다. 어찌 맹세를 깰 수 있겠습니까." 그러자 카슴칸이 애원했다. "말씀드렸듯이, 말 젖과 그걸로 만든 것이 우리가 가장 아끼는 음료입니다. 그중에서도 이 마유주가 가장 상큼한 것입니다. 안 받아 주시면, 저는 이 자리에서 대신 무엇을 대접해야 할지 몰라 당황스러울 따름입니다. 당신처럼 명예로운 손님이 이 누추한 주인의 집에 다시 한번 들리려면 또 몇 년이 흘러야겠지요."

세상에 말 젖보다 고소한 젖은 없고 마유주보다 상쾌한 술은 없다. 이 점에서 나는 카슴칸의 말에 완전히 동의한다.

알타이산맥의 중국 쪽 기슭에서 날이 저물면 아무 유르트(yurt, 천막집)
에나 들어갔다. 하영지에 거하는 유목민은 과객이라면 예외 없이 먹
이고 재운다. 이것이 그들의 환대법이다.

고려인에게
음식과 터전을 제공하다

상황을 적당히 모면한 술탄 사이드 칸이 카슴칸에게 함께 우즈베크를 치자고 권했다. 그러나 카슘칸의 의견은 단호했다. "지금(겨울) 샤이바니칸Shaybani Khan(우즈베크)을 치자면 엄청난 어려움에 부닥칠 겁니다. 원정을 고려할 때가 아닙니다."

카슘칸은 반대 의사를 피력하며 군대를 해산했다. 술탄 사이드 칸은 카슘칸의 극진한 태도에 감명받았고, 평화 협정을 확인하며 돌아갔다. 이처럼 카슘칸의 목적은 팽창이 아니라, 안정된 외교 관계를 바탕으로 안전을 꾀하는 것이었다. 다행히 러시아 제국주의 세력이 카자흐칸국을 복속하는 과정에서 남긴 방대한 문서가 아직 남아 있다. 사실 카자흐칸국의 칸들은 '유목 민주주의'의 우두머리였다. 카슘칸은 카자흐칸국의 역사에서 가장 강력한 칸 중 한 명이었지만, 그는 휘하 부족장들의 동의 없이 군대를 움직일 수 없었다. 즉 칸도 여러 부족의 견제를 받고 있었던 것이다. 차르에게 절대복종하는 러시아의 관리들은 이처럼 느슨한 지배 체제를 이해하지 못했다. 술탄 사이드 칸 앞에서 카슘칸은 그저 핑계를 댔던 것이 아니다.

카자흐칸국은 부침을 거듭했고, 특히 18세기 초 오이라트의 최대 세력인 중가르의 서진에 엄청난 피해를 보았는데, 그들은 이를 '대재난의 시기'라 부른다. 그 직후 카자흐칸국의 휘하 부족 중 절반 이상이 러시아에 신속하는데, 결국 19세기 초 완전히 편입되었다. 이후로는 러시아와 운명을 쭉 함께했다. 1930년대 스탈린의 집단 농장 정책이 일으킨 인위적 대기근이 유라시아를 덮쳤을 때, 역사의 우연인지 '자유민'이란 이름의 두 민족이 살던 땅(카자흐스탄과 우크라이나)에서 가장 많은 사망자가 나왔다. 이상하게도 모스크바는 우크라이나인들의 탈주는 막고 카자흐스탄인들의 탈주는 도왔다. 최소 수백만 명이 굶어 죽은 이 생지옥에서 어느 곳이 더하고 덜했는지는 말하기 어렵지만, 갇힌 채 쓰러진 이들의 영혼보다 길에서 쓰러진 이들의 영혼이 그나마 행복했으리라.

또 하나 기억할 일이 있다. 1937년 짐승처럼 기차에 실려 이역만리로 옮겨진 고려인들에게 음식과 터전을 제공한 이들이 바로 대기근에서 가까스로 목숨을 건진 카자흐스탄인들이었다.

20   시대의 희생양이 된 중가르

초원에서든 전답에서든 모이면 흥하고 흩어지면 망한다. 이때 사람들은 물질적이든 정신적이든 덕德(베풂)이 있는 곳으로 모여든다. 그래서 껍데기 같은 명분도 세대를 단위로 크게 보면 실체를 찾을 수 있고, 완벽해 보이는 승리도 멀리 보면 처절한 패배의 씨앗에 불과할 수 있다.

15세기를 전후해 원나라와 북원北元이 차례대로 무너지며 몽골제국은 역사의 뒤안길로 사라졌다. 그사이 세계사의 흐름은 민족국가의 발흥으로 점철되었다. 베스트팔렌Westfalen조약으로 유럽에서 민족국가들이 등장하고, 오스만튀르크의 쇠퇴로 서아시아도 그러한 경향을 따랐다. 사파비왕조(시아Shiah파)는 페르시아의 적자를 자처하며 이란 민족주의를 강조하고, 중앙아시아는 튀르크(수니Sunni파)가 세운 민족국가들의 수중에 떨어졌다. 러시아가 시베리아 전체를 차지해 제국으로 도약하는 격변이 일어나지만, 그들의 동방 진출은 '타타르의 굴레'를 벗어나 정교회에 기반을 둔 슬라브족 중심의 국가를 만드는 데 필요한 자원을 약탈하기 위해서였다. 즉 러시아도 민족국가를 지향했다.

만주족은 거의 유일하게 세계사의 흐름에서 벗어나, 극소수의 이민족이 다수의 피정복 민족을 통치하는 제국의 전통을 부활시켰다. 유목세계와 정주세계에서 동시에 야만인으로 취급받던 만주족은 조상인 여진과 마찬가지로 이종 결합형 집단이었다. 사냥·목축부터 어렵·채집, 농경, 무역, 약탈까지 그들은 제한된 환경에서 할 수 있는 짓은 다 했다. 이동식 방목은 하지 않았지만 훌륭한 말을 가지고 있었고, 정착해 살았지만 부족 단위로 생활했다. 사방에서 그들을 어떻게 대하는지 잘 알았기에 지배자가 되는 것이 극히 위험하다는 것도 잘 알았다. 청나라의 두 번째 황제(숭덕제崇德帝)가 되어 제국의 기틀을 닦은 홍타이지Hong Taiji는 엉뚱하게도 《서경書經》을 인용해 입버릇처럼 "하늘은 사사로이 아끼는 이가 없고, 오직 덕 있는 이를 돕는다 [皇天無親, 惟德是輔]"라고 했다. 이런 조심스러운 태도야말로 그의 후손들이 중국에서 칭기즈칸의 후손들보다 두 배 이상 오래 버틴 이유일 것이다.

중국에서 밀려난 몽골은 여전히 제국의 관성을 따랐지만, 만주족이라는 변수 앞에 좌충우돌하다가 좌초할 수밖에 없었다.

몽골고원의 분열과
만주족의 등장

원나라의 붕괴 후 몽골은 만리장성 북쪽으로 쫓겨났지만, 뒤이어 중국을 차지한 명나라는 안심하지 않았다. 영락제永樂帝는 그들이 칭기즈칸의 혈통임을 내세워 제국을 부활시킬 것을 염려해 1414년부터 1424년까지 무려 네 차례나 쉴 새 없이 원정에 나섰다. 이때 영락제가 우군으로 활용한 세력이 오이라트다. 그러나 그들은 얼마 안 가 몽골의 실권을 장악하고는 오히려 명나라를 위협했다. 특히 1449년 토목보土木堡에서 정통제를 사로잡으며 초원과 중국 간 힘의 관계를 다시 뒤집는 듯했다. 그러나 오이라트는 군사적으로 승리했어도 칭기즈칸 가문의 권위를 넘을 자산이 없었다. 수장 에센의 공식 칭호는 '타이시太子'였는데, 스스로 칸을 칭하는 순간 살해당했다.

에센이 죽자 칭기즈칸 가문은 순식간에 오이라트를 알타이산맥 쪽으로 밀어내고 몽골을 재통합했다. 그 중심에 대원大元(몽골어 발음은 다얀)의 적통을 자부하는 차하르Chahar부의 다얀칸Dayan Khan이 있었다. 그는 몽골을 6만 호 체제로 재편하고, 제국 시절의 관례를 따라 아들들을 수령으로 보내 통치하게 했다. 하지만 중앙 집권적 국가와 친자 분봉 체제는 세력이 팽창할 때나 외부에 거대한 부의 원천이 있을 때 양립할 수 있지, 강역이 쪼그라들고 자원이 한정된 상황에서는 유지하기 어렵다. 대를 거듭할수록 세습 때문에 목지가 점점 더 작은 단위로 쪼개져 집단끼리 싸움이 잦아지고, 외부로 영역 확장을 시도한 이들은 중앙의 통치권에서 멀어지기 때문이다. 실제로 남방에서 튜메트Tümed부의 알탄칸Altan Khan이 1542년 산서성을 쑥대밭으로 만들고 1550년 북경 포위전을 벌일 때, 북방의 할하Khalkha부는 그들과 함께하지 않고 오이라트를 밀어내며 독립의 길을 찾아갔다. 알탄칸은 명나라를 상대로 거의 매년 약탈전을 벌였지만 1570년 아들의 망명으로 위세가 꺾이고, 이어 스스로 명나라가 내린 순의왕順義王이라는 칭호를 받음으로써 대몽골 울루스의 칸이 아닌 한 부족의 수령으로 전락했다. 결국 약탈로 얻은 재물은 몽골의 통합이나 확장을 꾀하는 데 사용되지 못했다. 한편 명나라의 군대는 야전에서는 허약했지만 대포의 힘으로 성채를 지키는 데는 탁월해, 이미 기병만으로는 거점을 점령할 방도가 없었다. 그렇게 100여 년이 흐르고 만주족이라는 새로운 변수가 등장하자 몽골의 분열은 가속화된다.

칭기즈칸의 권위가 끝나고
청나라가 서다

겉으로는 명나라에 명예와 충성을 바치면서도 어느덧 건주建州여진을 통합한 누르하치Nurhachi는 1589년 '만주'라는 새로운 부족의 이름을 내세우고 칸이 되었다. 1593년 만주족의 등장에 위협을 느낀 동몽골과 누르하치에게 복속되지 않은 해서海西여진이 힘을 합쳐 공격에 나섰지만, 명나라를 대신해 수많은 전투를 수행한 이 노련한 군인을 당해내지 못했다. 그리고 마침 기막힌 우연으로 삼자의 운명을 바꾼 조일朝日전쟁(임진왜란)이 터졌다.

명나라가 참전하며 남은 힘을 소진하는 동안 만주족은 여진 통합을 완수했다. 이제 명나라는 몽골을 견제하기 위해 여진(만주족)을 이용했던 것처럼 이제 만주족을 견제하기 위해 몽골을 이용하지만, 만주족은 몽골이 분열되었음을 알고 이를 역으로 이용했다. 1619년 누르하치는 사르후Sarhu전투에서 명나라 – 조선 – 예허葉赫여진 연합군을 대파하고, 몇 개월 후 다시 몽골의 할하부 – 호르친Khorchin부 – 자루드Jarud부 연합군을 꺾었다. 이 일로 동몽골은 만주족의 누르하치쪽으로 기우는 세력과 차하르부의 칸 아래 남는 세력으로 나뉜다. 분열은 깊어서, 1626년 누르하치가 영원성寧遠城에서 명에 패했을 때도, 할하부는 차하르부를 지원해 만주족에게 대항하려 하지 않았다. 몽골제국을 다시 세우는 (불확실한) 기대를 품었다고는 해도 차하르부에 병탄되는 것은 매우 두려웠기 때문이다.

이에 위기감을 느낀 차하르부의 릭단칸Lingdan Khan이 호르친부를 통합하기 위한 전쟁에 나서자, 그들은 만주족의 홍타이지에게 붙어버린다. 홍타이지의 부인들이 모두 호르친부 출신이었을 정도로, 호르친부는 바야흐로 만주족이 궐기하는 시대의 흐름을 간파하고 있었다. 1632년 홍타이지는 복속한 몽골 부족들과 연합해 릭단칸을 완파함으로써 동몽골의 판세를 결정지었다. 몽골의 역사가 사강 세첸 Saghang Sechen이 1662년 완성한 《몽골원류*Erdeni-yin tobchi*》에도 홍타이지 가 릭단칸을 물리치고 칭기즈칸의 권위를 물려받은 것으로 쓰여 있 다. 이 역사가가 칸을 참칭한 오이라트의 수장에게 저주를 퍼부은 것 과 비교하면 획기적인 평가다. 이렇게 칭기즈칸 가문의 권위는 사실 상 사라졌다. 이후로 동몽골은 청나라의 편에서 명나라를 치는 싸움 에 동원된다.

일전에 조일전쟁의 덕을 봤듯이, 만주족은 이자성李自成의 농민 반 란군이 북경을 점령하는 틈에 난공불락의 산해관山海關을 피 한 방울 흘리지 않고 넘었다. 이후 명나라의 관군 역할을 하며 차근차근 중 국을 접수했다. 그렇게 청나라가 서자, 몽골은 그 황실과 이중삼중의 혼인 관계로 맺어진 동몽골, 차하르부에서 사실상 독립한 할하부(대 략 지금의 몽골공화국), 할하부에 밀려 알타이산맥을 넘어가 서쪽의 초 원을 지배한 오이라트(훗날의 중가르)로 나뉘었다.

포위되고, 또 포위되는
유목국가

갈단Galdan이라는 희대의 정복자가 오이라트에 등장했을 때 청나라 를 다스리던 이는 강희제康熙帝였다. 당시 오이라트의 지배층은 독실 한 티베트 불교 신자들이었다. 중가르의 수령 바투르 홍타이지Batur

Hong Taiji도 아들 중 갈단을 티베트의 달라이 라마Dalai Lama에게 보냈다. 갈단이 티베트의 수도 라싸Lasa에 있을 때 이복형제들이 그의 친형 셍게Sengge를 죽이는 사건이 벌어지고, 이에 귀향을 결심한다. 1676년 귀로에 오른 그는 이복형제들을 죽인 다음 중가르를 접수하고, 곧이어 오이라트 전체를 통합하는 수완을 발휘한다. 칭기즈칸 가문에게 범접할 수는 없었지만, 그는 달라이 라마에게 '보슉투칸Boshugtu Khan(하늘의 축복을 받은 칸)'의 칭호를 받은 만큼, 오이라트를 통합할 자격이 있다고 자부했다.

갈단은 먼저 차가타이 가문의 마지막 왕손들에게 타림분지의 오아시스 도시들을 빼앗고 눈을 동쪽으로 돌렸다. 마침 할하부의 우익과 좌익이 싸우는 와중에 갈단의 동생이 살해되고 말았다. 1688년 그는 동생의 원수를 갚는다는 명분으로 침공을 결정하고, 패배한 할하부의 투시예투칸Tushiyetu Khan은 고비사막을 건너 강희제에게 보호를 요청했다. 갈단은 즉각 그를 돌려보내라 요구하지만, 강희제는 이를 거부하고 화해를 종용하는 한편 전쟁을 준비했다. 갈단이 청나라에 완전히 신속한 고비사막 남쪽까지 오자 강희제가 영격에 나서니, 1690년 울란 부퉁Ulan Butung에서 전투가 벌어졌다.

중가르는 낙타 다리를 묶어 장벽을 쌓고 그 위에 모전毛氈을 걸쳐 총격에 대응하지만, 대포를 쏘며 다가오는 청나라의 공세를 당해내지 못했다. 이 일로 할하부가 청나라에 귀부하니, 강희제는 그들을 지켰다는 명분과 복속을 얻어내는 실리를 다 챙긴 셈이다. 1695년 갈단이 다시 할하부를 공격하자 강희제는 군대를 세 방향으로 진격시키며 친정에 나섰다. 이번에도 퇴각한 갈단은 우연히 자오 모도Jao Modo에서 만주족과 마주치고, 전투를 벌인 끝에 다시 패하고 말았다. 엎친 데 덮친 격으로 한창 원정 중일 때 일리Ili강 인근의 본영에서 조카인 체왕 랍탄Tsewang Rapten이 반란을 일으켜 휘하 부중마저 모두 잃었다. 깊은 절망 속에 알타이산맥으로 도주한 갈단은 1697년 쓸쓸히 눈을 감았다.

체왕 랍탄은 서쪽으로 눈을 돌려 카자흐를 공격하지만, 그들은 연전연패하면서도 기어이 복속을 거부했다. 카자흐의 결사 항전은 누대로 오이라트의 침탈을 겪으며 쌓인 적개심 때문이었다. 이제 중가르는 사방이 적이었다. 알타이산맥의 삼림민들에게 세금 거둘 권리를 놓고 러시아와 격돌했고, 타림분지의 지배권을 두고 만주족과 경쟁했다.

이러한 상황에서 감행한 1717년의 티베트 원정은 뼈저린 자충수였다. 당시 그곳에는 오이라트의 일파인 호쇼트Khoshut부의 라짱칸Lha-bzang Khan이 티베트 불교의 수호자를 자처하며 뿌리를 내린 상황이었다. 그가 만주족과 연대해 달라이 라마 선출에 개입하자 이에 반발한 티베트 귀족들이 중가르에 손을 내밀었다. 곧 6,000여 명의 중가르 병사가 라싸에 나타났지만, 그들이 한 일은 구원이 아니라 약탈과 학살, 반대파 살육이었다. 겨우 수만 명이 근근이 살아가는 종교 도시에 6,000여 명의 병사와 그 몇 배나 되는 말이 들어와 짓밟고 먹어대니 순식간에 난장판이 되었다. 급기야 분노한 티베트인들이 反중가르 항쟁에 돌입했고, 1720년 청나라와 연합해 그들을 쫓아냈다. 이 원정으로 귀한 전사들의 태반이 죽은 것도 아쉽지만, 몽골 전체와 만주족이 신봉하는 종교의 보호자가 될 능력이 없음을 드러낸 것이 가장 큰 실책이었다.

자멸을 부른
신의 없는 인간들

중가르의 새 군주 갈단 체렝Galdan Tseren은 1731년 천산산맥 중부의 우룸치Wulum'qi와 알타이산맥 동부의 호브드Hovd를 두고 만주족과 거듭 공방을 벌였지만, 승패와 관계없이 싸울수록 불리해지는 형국이었다. 청나라가 할하부와 동몽골의 지원병을 모아 세를 불리고 있었기 때문이다. 밀리고 있을 때 군주가 죽으면 유목국가는 분열된다. 1745년 갈단 체렝이 죽고 후계자가 섰으나 무능해 반란이 일어났다. 그 틈에 다와치Dawachi라는 자가 아무르사나Amursana의 도움으로 중가르의 수령이 되었다. 그런데 다와치가 뒤통수를 치고, 결국 패한 아무르사나는 부민을 데리고 청나라에 투항, 각종 지원을 받아 1753년 다와치를 제거했다. 이후 청나라가 자신에게 중가르를 맡기지 않자, 이에 불만을 품은 아무르사나는 반란을 일으키지만 패해 1757년 러시아 영내로 도주했다. 이렇게 중가르는 외부의 힘이 아니라 시대착오적 망상에 빠진 신의 없는 인간들 때문에 자멸했다. 사태를 수습하며 건륭제乾隆帝가 내린 명령은 단순했다. "다 죽여라[全行剿滅]."

1753년 청나라가 중가르를 급습하는 장면을 묘사한 그림이다. 이 패배의 대가는 참혹해서 중가르는 궤멸하고 말았다. 주세페 카스틸리오네(Giuseppe Castiglione) 등, 〈평정서역전도(平定西域戰圖)〉, 1770, 고궁박물원(중국).

직접 전투를 치러본 적 없는 탁상 사령관 건륭제는 할아버지인 강희제보다 수십 배나 잔인했다. 《성무기聖武記》에 따르면 중가르의 4할은 천연두로 죽고 3할은 청나라와의 전투에서 살해당하며, 2할은 카자흐칸국으로 도주하고 나머지 1할만 고향에 남았다고 한다. 세계의 여러 곳에서 민족국가들이 생겨나던 시기에 이렇게 어이없게도 한 민족은 소멸하고 말았다. 중가르는 칭기즈칸의 방식이 명을 다한 시점에 태어나 그것을 고수하다가 사라졌다. 유목제국의 전술로 팽창하기 어려운 시대에 그것을 시도했고, 티베트에서의 약탈로 정치적 무능을 드러냈다.

오늘날 고비사막 남쪽은 중국이, 서쪽은 중국과 카자흐스탄과 러시아가 나눠 차지하지만, 다행히 가운데 할하부의 땅은 몽골공화국으로 남아 대몽골 울루스의 옛 영광을 증언하고 있다.

21   오늘의 유목문명과 성(性)

유목사에서 칭기즈칸은 극단적으로 강한 힘을 지닌 특수한 변종인데도 지금까지 대부분의 연구가 그의 언저리를 벗어나지 못했다. 정주세계든 유목세계든 자발적으로 정치와 군사를 담당한 이들은 초인이었다. 평균 이상으로 강하고 잔인했다는 뜻이다.

그러나 사회의 특수성은 정치가 아니라 일상의 영역에서 선명하게 드러난다. 생산 활동의 근간은 일상이므로, 그 자체가 정치의 기반인 동시에 정치를 둘러싼 환경이다. 그래서 일상을 이해하지 않고 정치만 파고들면 '기이하고 단순한 유목민'이라는 신화만 재생산할 뿐이다. 유목은 사람이 살기 힘든 환경에서 동물의 욕구를 맞추며 탄생한 생산양식이다. 유목사회에서 모든 결정은 섬세하게 고심한 후 내려져야 한다. 잘못된 결정은 사람은 물론 수백 마리의 가축에게도 고통을 주기 때문이다. 그러나 진화의 단계상 정주민과 유목민은 백지장 하나만큼의 차이도 없다. 모두 행복한 삶을 살기 위해 최선을 다한다. 물론 유목사회도 정주사회만큼이나 다양한 유형이 있다. 그들은 기이하지 않다.

유목문명 속
'더 많은 다른 길'

오늘날 많은 이가 극히 단순한 고정 관념으로 유목사회를 재단하고, 유목민을 완전히 다른 어떤 종으로 취급한다. 학자도 예외는 아니다.

장벽의 탄생으로 인간 사회는 저마다 다른 길로 향했다. 자아도취의 시로 향하는 길을 택한 사회가 있었는가 하면 과묵한 군사주의로 향하는 길을 택한 사회도 있었다. 그러나 첫 번째 길은 훨씬 더 많은 다른 길(과학, 수학, 연극, 미술)로 이어졌다. 반면에 나머지 길은 그 길을 가는 사람들을 죽음이라는 목적지로 이끌었을 뿐이다. 그 길에서 남성은 오직 전사여야 했고, 모든 노동은 여성에게 전가되었다.[*]

---

[*] 데이비드 프라이, 《장벽의 문명사: 만리장성에서 미국-멕시코 국경까지, 장벽으로 본 권

두말할 나위 없이 첫 번째 길은 정주민의 길이고 두 번째 길은 유목민의 길이다.** 얼핏 보면 이 주장은 매혹적이다. 장벽의 보호를 받는 삶, 즉 우리 조상들이 가꾼 농경사회와 오늘날 우리가 속한 산업사회의 성과를 한없이 긍정하기 때문이다. 본능적으로 우리는 우리 자신에게 우호적인 주장을 선호한다. 그러나 인용문의 주장은 역사적 사실은 물론 오늘날 유목의 현실과 부합하지 않는다.

프라이 같은 학자조차 수천 년을 이어온 고정 관념에서 벗어나지 못하는 이유는, 상반되는 자료들을 하나하나 검토하는 문헌 작업을 건너뛰거나 현장에서 거주하며 길어낸 인류학의 연구 성과를 무시하고 근거 대신 추측에 의지하기 때문일 것이다. 어쩌면 유목민을 멸시했던 선배들을 지나치게 존중해 그들의 연구를 맹신하는지 모른다.

인용문이 짚은 '더 많은 다른 길' 중 과학은, 물론 정주세계의 산물처럼 보인다. 하지만 이조차 상당히 근대적인 발명품이다. 과학 없는 정주사회도 있었고,*** 유목사회에서 오늘날 필수적으로 쓰이는 기술들이 발명되기도 했다. 게다가 연극과 시와 노래는, 극장과 무대 장치를 제외한다면, 유목민이 훨씬 보편적으로 활용하고 더 높은 성취

력의 이동과 세계 질서》, 김지혜 옮김 (민음사, 2020), 28.

** 데이비드 프라이(David Frye)는 유목사회를 군사주의 사회와 거의 동렬로 취급한다. 물론 두 번째 길에는, 아주 예외적으로, 스파르타처럼 고도로 조직화한 전쟁 기구 같은 정주사회도 포함된다.

*** 르네상스 이전까지 유럽은 기나긴 중세를 보내느라 알렉산드리아도서관이 간직했던 서기전 3세기 수준의 과학기술조차 복원하지 못했다. 과학은 이론과 태도의 복합으로, 이론 없이도 성장하는 기술과는 다르다.

를 보인 분야다. 유목민은 글을 남기지 않은 탓에 예술성이 잘 알려지지 않았지만, 그들은 모두 예술 전통을 체화하고 있다. 노래를 못 부르는 목동은 죽은 목동이다! 신들의 계보인《신통기*Theogonia*》를 쓴 헤시오도스Hesiodos도 목동이었다. 목동 중 어떤 이는 수천 행의 시를 단번에 읊는다. 그들은 일상적으로 노래 부르고, 춤춘다.

혹독한 자연환경이 낳은 평등한 성 역할

이제 유목민의 일상으로 더 깊이 들어가 그들의 노동 원리와 성 역할을 구체적으로 살펴보고, 고정 관념을 하나씩 깨보자. 초원은 긴밀한 협업 없이는 살아갈 수 없는 가혹한 공간이다. 폭풍과 혹서, 포식자와 습격자 사이에서 살아가자면 남녀가 힘을 모을 수밖에 없다. 남녀의 역할은 근육의 양이라는 대단히 실용적인 기준으로 나뉜다. 그마저 고정적인 것은 아니어서, 대부분의 유목사회에서는 한쪽이 부재할 시 다른 한쪽이 그 역할을 떠맡는다.

유목사회에서 여성들의 삶은 고단했다. 그러나 대체로 동시대 정주사회의 여성들보다는 지위가 높았고, 그런 현상은 최근까지 이어지고 있다. 내가 현장 조사를 수행한 중앙아시아의 반半농경 – 반유목 사회에서, 여성은 정주지에 거주할 때보다 목장에 있을 때 높은 지위를 누렸다. 혹독한 자연환경이 평등을 강요하는 것이다.

먼저 프라이가 보고도 잊었거나 빠뜨렸을 기록을 하나씩 살펴보자. 중세부터 19세기까지 유라시아를 가로지른 수많은 여행자가 남긴 기록들에서 정주사회와 유목사회 간 여성의 역할과 지위를 거칠게나마 비교할 수 있다. 기록을 다룰 때는 주의할 것이 많다. 대부분의 기록은 작가의 편견 안에서 이미 반쯤 만들어져 있다가 외부의 어떤 현상을 만나 가공되어 세상으로 나온다. 예컨대 13세기 중반, 단지 몇 년 차이로 몽골제국을 여행한 두 수도사가 유목민의 성 역할을 어떻게 묘사했는지 살펴보면 상당한 차이가 있음을 알 수 있다. 먼저 카르피니는 이렇게 썼다.

남자들은 화살을 제외하고는 아무것도 만들지 않습니다. 가끔 가축을 돌보기도 하지만 그들은 주로 사냥을 하고 활 쏘는 연습을 하며, 그래서 그들은 애 어른 할 것 없이 모두 뛰어난 궁사들입니다. ······ 젊은 여자나 부인들도 말을 타며 남자와 마찬가지로 말 위에서 능숙하게 질주합니다. 우리는 그들이 활과 화살을 가지고 다니는 것을 보았습니다. ······ 여자들은 가죽옷, 튜닉, 신발, 각반 및 가죽으로 된 온갖 것들을 만듭니다. 그들은 수레를 몰며 또 그것을 수선하고, 낙타에 짐을 싣기도 합니다. ······ 여자들은 모두 바지를 입으며 그들 중에 일부는 마치 남자처럼 활을 쏩니다.*

---

* 플라노 드 카르피니·윌리엄 루브룩,《몽골 제국 기행: 마르코 폴로의 선구자들》, 김호동 옮김 (까치, 2015), 71.

프라이는 아마 이 유명한 기록을 본 듯하다. 이에 따르면 유목사회의 남성들은 전쟁을 준비하는 것 외에는 어떠한 생산 활동도 하지 않는다. 카르피니는 기독교 세계가 몽골에 대항해야 한다고 굳게 믿은 사람이다. 그래서 몽골의 호전성을 더욱 강조한 듯싶다. 게다가 그는 사신이자 첩자였으므로 몽골의 일반 목부牧夫들을 볼 기회가 많지 않았을 것이다.

불과 몇 년 후 몽골제국을 여행한 윌리엄 루부룩William of Rubruck은 카르피니와 자못 다른 기록을 남겼다. 그에 따르면 남성들은 말 젖을 짜고 마유주를 만들며, 낙타에 짐을 싣기도 한다. 고기를 제공하는 가축인 양과 염소는 같이 돌본다. 목격하지 않으면 쓸 수 없는 것들이다. 그리고 오늘날 유목사회의 삶과 매우 비슷하다. 남성이나 여성이나 모두 열심히 일해야 살 수 있는 곳이 초원이다. 좀더 육체적인 힘이 필요한 일은 남성이 하고 힘보다 시간이 드는 일은 여성이 했다고 말하는 것이 옳을 테다. 카르피니와 루부룩은 기록 방식에서도 차이를 보이는데, 대체로 루부룩이 유목민의 일상을 더욱 생생하게 기록했다. 아무래도 몽골의 고위층을 주로 만난 카르피니는 그들이 집안일 하는 모습을 볼 수 없었을 것이다.

좀더 시간이 지나 원나라를 여행하고 쿠빌라이칸에게 자그마한 벼슬까지 받은 폴로의 기록에서는 정주민 여성과 유목민 여성의 차이가 드러난다. 그는 어느 중국 여성의 특이한 걸음걸이를 묘사하는데, 전족을 본 듯하다. 다리를 많이 벌리지 못하게 하는 전족은 처녀성을 중요하게 생각하는 정주사회의 관습이다.

(중국의) 여자들은 이 처녀성을 지키기 위해 길을 때 어찌나 조심스럽게 발을 내디디는지 한 발이 다른 발보다 한 손가락 이상 더 나가지 않도록 할 정도이다. 왜냐하면 만약 함부로 행동하면 처녀의 음부가 넓어져 버리는 경우가 매우 흔하기 때문이다. 이것은 카타이(북중국) 지방 출신 사람들만 지키는 것이고, 타타르(몽골)들은 이런 종류의 관습에 대해 신경 쓰지 않는다. 그들의 딸들은 말을 타기 때문에 아내 될 사람도 어느 정도는 손상을 입었으리라고 생각한다. 만지Manzi(남중국) 지방 사람들의 관습도 카타이와 같다.*

유럽과 아시아를 불문하고 잉여 생산물이 생길 경우, 여성은 수많은 관습의 지배를 받았다. 정주화와 동시에 부자들은 처를 여럿 거느린 것도 모자라 하렘harem을 만들고, 피부를 가리는 옷과 두건을 강요했다. 반면 남녀가 함께 일해도 축적되는 것이 거의 없는 유목사회는 그런 관습을 허용하지 않는다.

아마존은
초원에 산다

20세기 초반 소련이 집단화를 강제하기 전 카자흐의 생활을 기록한 자료에서 오늘날과 가장 가까운 시절의 유목사회를 엿볼 수 있다. 이

---

* 마르코 폴로, 《마르코 폴로의 동방견문록》, 김호동 옮김 (사계절, 2000), 347-348.

르티시강 유역의 유목하던 집안에서 태어난 무하메트 샤야흐메토프 Mukhamet Shayakhmetov는 이렇게 회고한다.

> 우리들의 한 해 양상은 가축 무리의 수요에 따라 결정되었다. 가축에게 풀을 충분하게 제공하기 위해 우리는 선조들이 다진 길을 따라 늘 초원 사이를 움직였다. 남부와 서남부 카자흐스탄에서, 알맞은 여름 초원으로의 이동은 그 거리가 1,000킬로미터를 넘기도 했다. …… 행렬의 선두에는 아울aul(최소 방목 단위, 대개 예닐곱 가구로 구성된다)에서 가장 존경받는 여인이 서는데, 그녀는 말에 올라탄 채 가족의 세간을 실은 낙타 떼를 이끌었다. …… 다른 여자들도 짐 나르는 낙타들을 끌고 길게 뒤를 따랐고, 남성 두 명이 안내자로 그들을 수행했다."*

간단히 정리해 여성은 가정을 책임지고 남성은 가축을 책임지는데, 이동 행렬의 지도자는 여성이었다. 가정과 부족의 지도자로서 여성은 초원에서 살아남기 위해 항상 바빴다.

여성의 삶은 끊임없는 노동의 연속이었다. 물론 바쁘기는 남성도 마찬가지였다. 끝없는 이동, 계속해서 돌봐야 하는 가축, 호시탐탐 기회를 노리는 맹수 사이에서 남성은 무리를 보호하고, 생활에 필요한 기본적인 물자를 전부 공급해야 했다. 어른들은 항상 바빴기에,

---

* Mukhamet Shayakhmetov, *Silent Steppe: The Memoir of a Kazakh Nomad Under Stalin*, trans. Jan Butler (Overlook/Rookery, 2007).

아이들도 어느 정도 자기 몫을 해야 했다. 초원에서 가축 키우기는 낭만보다는 생존 그 자체였다.

어른들이 좋은 풀을 찾아 양 떼를 거느리고 초원을 돌아다닐 때, 아이들은 새끼 양과 염소를 돌본다. 그런데 염소는 다루기 쉬운 짐승이 아니다. 양은 가만히 있으려고 해 염소를 움직여 무리를 이끌어야 한다. 이때 염소 떼가 양 떼와 너무 멀리 떨어지면 늑대에게 잡아먹히기에 십상이다. 더욱이 염소는 말로 따라잡기 힘든 바위 지대를 선호한다. 적당히 게으른 목동은 순식간에 염소 떼를 잃고, 그보다 더 게으른 목동은 양 떼도 잃는다. 그러므로 초원에서 게으른 목동이란 있을 수 없다.

하영지에 있을 때 유목민들은 다양한 놀이를 즐기며 쉰다. 겨울은 길고 여름은 짧기에 충분히 즐기는 것이다. 19세기 중반 카자흐-키르기스 유목집단과 투르키스탄 사막 지대(지금의 우즈베키스탄 일대)의 우즈베크계 칸국 여럿을 여행한 탐험가들은 한결같이 남녀 관계의 분방함을 기록으로 남겼다. 카자흐계 러시아인 탐험가 초간 발리하노프Shoqan Walikhanov는 키르기스 청춘 남녀의 관계를 생생하게 묘사했다.

저녁에는 때때로 우리를 초대한 사람의 딸이 동료의 천막에서 자그마한 연회를 준비했다. 그러면 곧 젊은이들이 모였는데, 남녀가 마주 보고 앉으면 놀이가 시작되었다. 소녀 중 한 명이 요염한 자태로 자리에서 일어나, 수건을 흔들어 자기 맘에 드는 청년을 고른다. 그 운 좋은 청년은 어떤 장기를 뽐

1872년 투르키스탄에서 촬영한 유목민 가족. 말에는 남성이, 낙타에
는 두 여성이 타고 있다. 러시아가 중앙아시아로의 본격적인 진출을
앞두고 현지 조사를 위해 만든 사진집에 실렸다.

내거나 노래를 불러야 한다. 그의 장기 자랑이 만족스러우면 소녀는 상으로 다정하게 입을 맞춰주고, 그렇지 않으면 호되게 때려서 벌을 준다.*

발리하노프는 이들의 남녀 관계가 그토록 분방한 것은 정주사회의 이슬람 율법(샤리아Sharia)에 구애받지 않기 때문이라고 생각했다. 그들에게도 지켜야 할 강고한 관습들이 있었지만, 남녀 관계를 옭아매는 관습은 상대적으로 적었다. 혹독한 자연환경에 맞서 다 같이 노동하고 다 같이 결정하므로 여성의 권력도 컸을 것이다.

유목민 여성들은 분방했지만, 대단히 강인했다. 특히 그들의 천막 설치와 해체를 목격한 이방인들은 빠른 속도에 혀를 내둘렀다. 한 시간 남짓이면 천막을 갈무리해 낙타 등에 실었다. 유사시에 남성은 말에 올라타 늑대나 인간 적에게 대항하고, 여성은 활이나 총을 들고 천막 주위를 돌며 아이들을 지켰다. 스키타이 이래 초원에 아마존이 살았던 것은 역사적 사실이다.**

---

* Shoqan Walikhanov et al, *The Russians in Central Asia : their occupation of the Kirghiz steppe and the line of the Syr-Daria ; their political relations with Khiva, Bokhara, and Kokan ; also descriptions of Chinese Turkestan and Dzungaria* (E. Stanford, 1865), 84.

** 자세한 내용은 다음 책 참고할 것. Gaukhar Z. Balgabayeva et al, "The Role of Women in Military Organization of Nomads", *International Journal of Environmental and Science Education* 11 no.12 (2016).

유목문명이라는 거울에
정주문명을 비추다

역시 비슷한 시기에 이슬람 성직자로 위장하고 우즈베크계 칸국들을 여행했던 헝가리인 아르민 밤베리Ármin Vámbéry는 카자흐 여성들에게서 강렬한 인상을 받았다. 온 가족이 일할 때도 결혼 적령기의 젊은 여성은 낙타에 올라타 시선을 끌기 위해 말을 타고 달리는 총각들을 맘껏 둘러보았다. 좋은 신랑을 찾는 것은 중요한 일이었다. 좋은 신랑이란 물론 가축을 잘 다루는 건강한 사내다. 아무다리야 강변의 어떤 유목민 여성은 대단한 일꾼인 동시에 정주민을 맘껏 조롱하는 철학자였다.

열 시간 사이에 나는 세 가족을 보았는데, 차례대로 기껏해야 세 시간 정도 머무르다가 멀리 떠났다. 내게 이보다 더 생생하게 유목민의 생활을 보여주는 것은 없었다. 내가 나중에 어떤 키르기스(카자흐) 여성에게 그들의 생존 방식을 묻자, 그녀는 웃으면서 대답했다. "확신하건대, 우리는 결코 당신들 물라Mullah(이슬람 성직자)처럼 온종일 한곳에 앉은 채 게으름 피우지 않을 거예요! 사람은 움직여야 해요. 왜냐하면, 한번 봐요. 해, 달, 별, 물, 짐승, 새, 물고기는 모두 움직이고 있어요. 자기 자리에 멈춰 있는 것은 죽은 이와 땅뿐이죠."*

---

* Ármin Vámbéry, *Travels in Central Asia*, ed. Rudolf Abraham (John Murray, 1864), 152.

유목민은 이동에 맞춰 삶을 배치한다. 세간의 양은 낙타에게 실을 수 있는 정도를 넘을 수 없다. 무거운 짐은 거의 동영지에 남겨두고, 하영지로 떠날 때는 짐 싣는 동물들이 견딜 수 있는 정도만 가지고 떠난다. 주인의 몸이 가벼울수록 가축이 좋은 풀을 먹을 수 있으니까. 그러나 정주사회에서는 주거지와 가족의 크기를 키우는 것이 생존에 유리하다. 농지에 노동을 집중하고 세간을 공유하기 위해서다. 한편 가부장제 사회에서는 가족의 규모가 커지면, 시집오는 여성이 이중의 부담을 져야 한다. 남편뿐 아니라 그의 식구들 전체를 상대해야 하기 때문이다. 새로 온 여성을 감시하는 눈은 한둘이 아니다. 오늘날 반농경 – 반유목 지대에서 이 현상은 확실하게 드러난다. 파미르고원에서 나는 젊은 기혼 여성들과 많은 대화를 나누었다.

"마을에는 왜 말 탄 여성이 없나요?"

"자일로jailoo(방목지)에서 말을 타요. 우리 모두 말을 잘 타지만 마을에서는 타지 않아요. 유부녀는 말을 타지 않는 것이 관습입니다."

이슬람 율법은 기혼 여성이 맨살을 드러내지 못하게 하고, 치마를 입은 채 말을 타지 못하게 하므로, 말을 타려면 먼저 특수한 옷을 입어야 한다. 그래서 이슬람 종파 중 다수가 이처럼 복잡한 문제를 피하기 위해 아예 여성의 기마를 금지한다. 심지어 파미르고원에서는 이런 말도 들었다. "여자는 좋은 말을 타면 안 됩니다. 나쁜 피를 흘리니까요." 통탄할 만하다. 오늘날도 정주사회의 잔혹한 종교 규범은 아마존을 끌어내리지 못해서 안달이다.

하지만 나는 유목민 마을에 머물며 방목지에서 치마를 입고 자유롭게 말을 타는 기혼 여성들을 수없이 목격했다. 유르트, 즉 핵가족 단위의 생활에서 여성이 말을 탄다고 한들 무슨 문제가 되겠는가. 필요하면 타는 것이다. 좀더 옛날로 돌아가, 끊임없이 이동해야 하는 유목민 여성이 말이나 낙타를 타지 않으면 어찌하겠는가. 초원에는 남녀의 차별을 제도화할 장치들이 없다. 남녀의 위계를 구분하는 특정한 복장, 건물, 법률, 관습 그리고 감시하는 눈 등이 모여 권력 관계를 고착화한다. 반면 평평한 초원 위 둥그런 유르트 안에서 둘러앉아 같이 먹고 마시며 자는 생활을 하다 보면 차별을 공고화하기 힘들다. 초원에서 여성과 남성은 직접 몸으로 대면해야 하고, 이때 육체적인 힘의 차이는 말의 힘으로 극복된다. 그래서 유르트 단위에서는 남녀의 지위를 구분할 장치가 생기기 어렵다. 반면 정주사회의 대가족과 그들을 빽빽하게 둘러싸고 있는 권력 장치들은 모두 여성에게 족쇄가 된다.

그렇다고 오늘날 우리가 유목민이 사는 혹독한 환경을 감내할 필요는 없지 않은가. 그곳에서 남녀는 평등하지만, 절대적으로 가난하지 않은가. 또한 냉장고, 청소기 등 정주세계에서 발명된 가전제품이 여성을 어느 정도 해방하지 않았는가. 단열재를 붙인 두꺼운 벽이 여성을 추위에서 보호하지 않았는가. 실제로 이런 장치들은 엄청난 생산성으로 여성의 노동을 줄였다. 하지만 남성이 식품을 관리하고 청소기를 돌리지 않는다면, 가전제품과 각종 집기는 여성을 해방할 수 없다. 가전제품은 더 깨끗한 옷과 더 맛있는 음식에 대한 욕구를 키워 다른 방식으로 여성을 구속한다. 수많은 집기를 갖춘 부유한 가정

하영지의 키르기스 여성들. 유목민 여성은 남성과 똑같이 일하고, 때로는 여성끼리 협력한다. 따라서 현격한 구분과 계급은 있을 수 없다.

이 고용하는 가사도우미는 대개 여성이다. 남성과 여성 간 지위의 격차가 벌어질수록, 집이 커지고 가전제품이 많아져도 여성은 더 많이, 더 오래 노동해야 한다. 안타깝게도 역사적으로 가부장제는 정주민의 생활 방식과 쉽사리 결합한다. 남성이 주거 공간의 중심을 독점하면 여성은 주위로 밀려난다. 부엌으로, 또는 하렘으로.

확실히 우리는 유목민이 될 수 없다. 하지만 자원을 무한대로 쓰는 대신 이동과 가벼움의 의미를 되살리고, 차별이 고착화하지 않도록 돌아봐야 한다. 지구도 약자도 한계 상황에 이르렀다.

22 미래의 유목문명과 공유

2021년 6월 중순, 며칠 동안 버려진 두 저수조의 바닥에서 여섯 개의 커다란 철관鐵管을 만지며 갖은 상상을 했다.* 이 저수조들은 과거 추

---

* 2019년과 2021년 키르기스스탄 남부 파미르고원의 사르모굴 마을과 북부 톈산산맥의 케게티(Kegeti) 마을에 자연 수압(순수 중력)으로 공급되는 상수도 시설을 만들었다. 전자는 친구들과 자금을 모았고, 후자는 경기도에서 공적 원조 자금을 지원받았다. 이로써 1만여 명에게 깨끗한 물을 공급하게 되었다. 도움을 준 모든 분께 다시 한번 고마움을 전한다. 2021년 작업의 경우, 수원에서 최종 저수조까지 고도 차가 대략 180미터였다. 16기압까지 견딘다고 쓰인 폴리에틸렌관이 영 미덥지 않았다. 압력을 줄이기 위해 중간에 저수조를 하나 더 만들어야 했다. 하지만 철근 가격이 너무 올라서, 추가 제작은 파산을 의미했다. 그래서 소련 해체 후 방치된 거대한 두 개의 저수조(한 개당 저수량 1,000톤)를 활용하기로 마음먹었다.

Chu강 남쪽 톈산산맥에 펼쳐진 수십 제곱킬로미터의 농경지와 점점이 흩어진 마을들에 물을 공급하던 거대한 수리 체계의 심장이었다. 붉게 녹슨 철관을 조심스럽게 살피며 지하에 깔린 관로를 상상하고, 또 상상했다. 설계도가 없으니 그저 상상할 수밖에 없었다. 들어가는 철관 하나에 나가는 철관 다섯이었다. 무려 30년 동안 버려진 콘크리트-철 '심장'이었다. '심장이 다시 뛸 수 있을까?' 며칠을 그런 회의적인 생각으로 잠을 설쳤다. 그리고 나서, 또 며칠은 '심장은 다시 뛰어야만 해'라는 생각으로 녹슨 철관을 다그쳤다. 결국 버려진 두 저수조를 다시 활용하기로 마음먹었다. 사실 대규모 자금을 추가로 지원받지 않는 한 다른 방법도 없었기에, 그 저수조는 마지막 희망이었다.

기어이 우리는 저수조로 들어가는 철관에 새로운 수도관을 연결하고 산에서 쏟아지는 물을 들이부었다. 저수량 1,000톤의 거대한 저수조 안으로 물이 차오르는 소리를 들으며, 30년간 방치된 후에도 물 한 방울 새지 않도록 꼼꼼하게 마감한 소련 기술자들의 솜씨에 연신 감탄했다. 그러나 하루 만에 반쯤 차오른 수위가 더 오르지 않았다. 며칠이나 그런 상태로 마의 500톤을 넘지 못했다. 다시 며칠간 잠을 이루지 못했다. '방수에 문제가 있을까? 물은 어디로 빠지고 있을까?' 갖은 상념에 시달리다가 문득 기이한 생각이 스쳤다. '물이 옛 길을 찾은 건 아닐까?' 새벽에 말을 타고 10리 정도 떨어진 저수조로 달려갔다. 역시나였다. 저수조의 수압이 어느 선을 넘자, 물은 과거 사용되던 인입관을 타고 거슬러 흐르고 있었다. 압력이 역전된 것이다. 재활용한 철관은 저수조로 물을 계속해서 넣을 압력은 잃었지만,

물이 저수조의 중간까지 차오를 만큼 버틸 힘은 있었다. 나는 덩굴 숲에서 인입관의 녹슨 밸브를 기어이 찾아내 닫아버렸다. 밸브가 닫히면서 마지막으로 빠져나가는 물의 신음이 가느다랗게 들렸다. 이렇게 심폐 소생술로 심장을 되살렸다.

이토록 철저하게 기획된 '공유 체계'(물은 국가의 것이며 국가가 공평하게 분배한다!)가 1990년대 초 어느 날 갑자기 증발했다. 대개 슬라브계였던 기술자들은 심각한 대사代謝 부진에 빠진 중앙아시아의 이 조그마한 나라를 미련 없이 떠났다. 변변한 설계도 하나 남기지 않은 채. 남겨진 사람들은 땅속에 묻힌 철관을 노다지처럼 수확해 자신들의 후원으로, 밭으로 가져갔다. 그렇게 혈관을 잃은 심장이 멈췄다.

모든 살아 있는 것을 지키는
윤리적 장

학위 논문을 위해 현지 조사를 수행한 파미르고원의 알라이Alai 회랑은 폭 20킬로미터, 길이 100킬로미터의 고산 초원이다. 여름이면 기름이 올라 털이 반지르르한 말들이 무리 지어 들판을 배회한다. 대개 수말 한 마리와 암말 및 망아지 여러 마리가 한 무리를 이룬다. 봄부터 가을까지 타지 않는 말들이 이 언덕 저 언덕을 배회하지만, 사람들은 관여하지 않는다. 두 해 전에 타던 바람과 지금 타는 아즈다르

사르모굴 마을에서 바라본 파미르고원의 풍경. 전 세계가 뜨거운 요
즘, 마을의 수원이 되는 만년설이 녹을까 걱정이다.

는 고르고 고른 유달리 큰 말이었다. 덩치와 힘에 자신 있는 큰 수컷은 암컷 무리의 인력引力에 즉각 반응한다. 까마득한 곳에서 불어오는 바람에 암컷의 체취가 조금이라도 섞여 있으면 동요하고 고삐를 끊으려 한다. 그렇게 말을 가끔 잃었지만 모두 찾았다. 이틀이나 사흘이 지나도 결국 누군가에게 잡혀 다시 내 손으로 돌아왔다.

고원에는 자유롭게 달리는 말뿐 아니라, 안장을 달고 길가에 홀로 묶여 있는 말, 망아지와 함께 묶여 있는 어미 등 움직이지 못하는 말도 많다. 작은 트럭을 몰고서 그런 말 몇 마리를 낚아채는 것은 어렵지 않다. 더욱이 한 해 순소득이 좋은 말 두 마리 값에 불과하다면 그런 유혹이 생길 법도 하다. 말 한 마리면 여섯 달 치 소득이 나오니까. 그러나 수천 마리 말이 널린 고원에 말도둑은 없다. 소도둑, 양도둑도 없다. 어떤 도둑도 없다. 몇 년 동안 단 한 번도 절도 사건이 벌어지지 않았다고 한다! 도시 근교에서는 크고 작은 가축 절도 사건이 끊이지 않는다. 그렇다면 광활한 공유지에서 살아가는 것들은 어떤 보호의 장場, field을 띠고 있는 것일까. 절도나 유기에서 모두 보호하는 어떤 윤리적 장 말이다.

생판 모르는 이의 면전에 뜬금없이 내 얼굴을 들이댄다면 필시 그는 모욕을 느낄 것이다. 하지만 연인은 내 얼굴을 끌어당길 것이다. 인간 개개인은 모두 끌어당기고 밀어내는 장을 가지고 있다. 마치 전자기력이 우주를 지탱하는 하나의 결정적인 힘이듯. 또한 개개인이 모인 집단은 개개인의 단순한 합과는 다른 장을 가지고 있음이 분명하다. 대들고 요동치는 군중은 개개인의 합이 아니다. 초원에 오래 거주하면 짐승 또한 물건과는 다른 장을 가지고 있음을 확인하게 된다.

주류 경제학자들은 모두 인간의 이기심을 신줏단지처럼 모신다. 사유화 이론의 대부인 개릿 하딘Garrett Hardin은 1968년 발표한 짧은 글인 〈공유지의 비극The Tragedy of the Commons〉에서 인간의 이기심을 확고부동한 상수로 삼았다. 그는 말한다. 공유지는 유지될 수 없다. 남의 가축이 풀을 몽땅 뜯어 먹기 전에 내 가축을 공유지로 몰아넣는 것이 이득이라면, 인간들은 공유지가 고갈될 때까지 그리할 것이다. 과연 인간이 그렇게까지 이기적일까. 인간의 이기심은 상수가 될 수 없다. 인간은 어떤 조건에서는 이기적이지만 다른 조건에서는 이타적이다. 인간이 늘 이기적이라면 공유가 아니라 사유의 기반도 존재할 수 없다. 남의 살찐 가축을 가로채면 될 것 아닌가. 그것은 법으로 막을 수 있다고? 감시카메라 하나 없는 광활한 초원은 법을 피하기 좋은 장소다. 그런데 왜 이 고원에서는 절도가 발생하지 않는가? 필시 어떤 윤리적 장 때문일 것이다.

'공유지의 비극'을 꺾는 '목장의 공유'

윤리의 장을 좀더 깊이 고찰해 보자.* 우선 초원에 커다란 외양간이

---

* 자세한 내용은 다음 졸고 참고할 것. 〈독립 후 키르기스스탄 초지공유제도의 성과 일

있고, 더불어 언제나 이기적인 그것의 소유주와 비非소유주들이 있다고 가정하자. 이기적인 소유주는 여름이 되면 외양간 주위의 풀을 독점하려 할 것이고, 역시 이기적인 비소유주들은 그곳으로 자기 가축을 몰아갈 것이다. 그들은 풀을 차지하기 위해 싸움을 벌일 테다. 그러나 실제 초원에서 그런 일은 일어나지 않는다. 소유주와 비소유주들 모두 외양간을 떠나 더 먼 산으로 이동한다. 외양간 주위의 풀은 겨울을 위해 남겨져, 날이 추워지면 소유주와 비소유주들 모두 그곳에서 가축을 먹인다. 외양간 두 곳이 인접한 경우도 마찬가지다. 한쪽 외양간의 주인이 가축을 몰고 멀리 떠나면, 다른 한쪽 외양간의 주인은 두 외양간 근처 음지에만 방목해 양지의 풀을 보존한다. 겨울이 되어 떠난 이가 돌아오면 둘이 함께 양지에서 방목한다. 남은 이는 떠난 이를 위한 초원 관리인이 되는 것이다. 가축이 없을 때 외양간은 초원에 어색하게 박힌 부자연스러운 구조물일 뿐이다. 그러나 가축이 외양간을 차지하면 그것은 생물로 변해 여름에는 사람과 짐승을 밀어내고 겨울에는 끌어당기는 장을 펼친다. 외양간 주위는 너의 공간인 동시에 나의 공간인, 즉 공유의 공간이다.

　짐승들은 본능적으로 장을 더 잘 이해한다. 공유가 생존의 조건이기 때문이다. 야크yak의 구역으로 구태여 들어가는 양은 없다. 야크는 높은 곳에서, 양은 낮은 곳에서 각자의 장을 유지하며 움직인다. 물

례 - 사르모굴(Sary Mogul) 마을 카샤르 주위의 공생관계 -〉,《중앙아시아연구》26권 1호 (2021): 181-211.

론 인간이 만든 울타리를 인정하는 야크도 없다. 야크는 철조망 울타리를 부수는 데 일가견이 있다. 다른 수말의 구역으로 암말들을 데리고 들어가는 바보 수말도 없다. 말들은 언제나 적당한 거리를 유지하며 초원을 누빈다. 인간이 붙인 꼬리표에 따라 무리 짓는 말들도 없다. 그들은 종 고유의 욕구와 장에 따라 모이므로 인간이 만든 구분은 힘이 없다. 그러다 보면 너와 나의 말이 뒤섞인다. 이때는 어떻게 관리하는가? 둘이 함께 말 떼를 돌본다. 그리하여 초원에는 공동의 책임을 진 무수한 눈이 장을 형성한다. 어떤 어리숙한 도둑이 초원에서 말과 실랑이하며 이 투명하지만 엄연히 존재하는 장에 파문을 일으킨다면 그는 당장 누군가의 눈에 띌 것이다.

살아 있는 모든 것은 윤리적 장을 형성할 수 있다. 태초에 인간과 짐승이 계약을 맺어 목동과 가축이 되었을 때, 그들 사이에 분명한 윤리적 장이 형성되었다. 늑대에게서 양 떼를 지키지 않는 목동, 말의 엉덩이를 무턱대고 때리기만 하는 기수, 적절한 의식儀式 없이 가축을 죽이고 먹는 이는 모두 윤리적 장을 깨고 만다. 윤리적 장은 곧 공유의 장인데, 공유 상태에서만 윤리가 필요하기 때문이다. '공짜' 풀을 더 많이 차지하기 위해 사유지를 남기고 공유지로 가축을 몰아넣는 이에게 윤리란 거추장스러운 것이다. 유목이라는 생산양식의 성립과 선후 관계를 정할 수 없는 것이 '목장의 공유'다. 유목이 목장의 공유이고, 목장의 공유가 유목이다.

불변의 이기심이 사실 존재하지 않는다면, 공유의 반대편에는 무엇이 있는가? 그것은 광범위한 반反생명의 신기루인 듯하다. 예컨대 모두가 쓰는 하천에 독극물이나 쓰레기를 버리는 사람, 또는 그 이용권을 매입해 대대로 살던 농민들을 내쫓는 사람은 다른 생명의 장을 거리낌 없이 침범하는 반생명 이데올로기의 화신이다. 어쩌면 공유의 반대에는 오늘날 자본주의 사회의 특질인 부패가 있을 수도 있다. 초원에 새로 생긴 정착지들에서 부패는 쉽사리 확인된다. 상수도 공사를 진행한 사르모굴 마을 바로 옆의 다른 마을에 키르기스스탄 정부가 지원금을 보냈다. 그러나 2021년 현재 돈은 흔적도 없이 사라지고, 2년 동안 아무렇게나 파헤쳐진 초원과 싸구려 폴리에틸렌 관들만 덩그러니 남았다. 친구가 증언하기를 "중간에서 다 먹어버렸다." 공무원과 시공자와 마을의 우두머리가 담합하면 모두의 돈은 순식간에 소수의 주머니로 들어간다. 사르모굴 마을에는 끔찍한 먼지를 일으키는 광산이 있는데, 그 주인은 노인들에게 석탄 몇 덩어리를 나눠주는 것으로 임대료를 대신한다. 폐병에 걸린 광부가 널렸지만, 보상받은 이는 단 한 명도 없다. 부패의 마수는 마을 자치와 행정에까지 뻗쳤다. 2020년 상수도 건설에 참여했던 친구들이 마을 행정을 담당하는 수장에게 취수원과 저수조 보호 시설을 만들기 위한 자금을 요청했다. 수장은 자금이 없다고 발뺌했고, 결국 처음으로 마을의 회계장부가 강제로 공개되었다. 당장 상상을 초월한 수준의 횡령이 드러났다. 그렇게 수장은 물러났고, 젊은이들이 대의원 대열에 합류했다. 그들은 물이라는 공유 자원을 관리할 조직을 만들어 운영하고 있다.

생명을 불어넣는
공유의 가능성

집마다 물이 공급되면서 아이와 여자들이 고된 노동에서 해방되었다. 무엇보다 당나귀의 팔자가 폈다. 물을 길어 나를 필요가 없어지자 초원으로 풀려나 야생화된 것이다. 대의원이 된 마무르가 새 소식을 전했다. "작년에 눈이 많이 왔을 때, 마르코폴로양(큰뿔양) 수십 마리가 마을 가까이 내려왔다." 소련 몰락 이후 모두 잡아먹은 탓에 그간 보이지 않던 녀석들이다. 겨울 언저리면 늑대도 심심찮게 마을 가까이 내려온다. 처음에는 늑대를 죽일 테지만, 사람들은 조상의 길을 따라 늑대와 가깝지도 멀지도 않은 공존의 장을 형성할 것이다.

사르모굴 마을에서 함께 일했던 친구들이 올해 가시나무를 심었다. 관목이 없으면 모래바람이 일어 초원이 메마른다. 나는 할머니들에게 들어 알고 있었다. 원래 이 초원에 나무가 없었던 것이 아니라 소련 붕괴 직후 땔감으로 쓰기 위해 뿌리까지 캐 썼다는 것을. 당시 살아남기 위해 그리했지만, 이제 사람들이 나무를 다시 심는 시절이 왔다. 철저한 공유 자원인 나무를 되살리려 한다는 것은 상징적인 사건이다.

2021년 8월 케게티 마을에도 상수도 관리를 위한 청년 조직이 만들어졌다. 자신들이 기획해 만든 공유 자원을 스스로 관리하겠다는 것이다. 그렇다면 소련이 남긴 관들은 왜 헤프게 망가뜨렸을까? 소련의 유산이 죽어버려 고유의 장을 잃어버렸다고 생각한 것 아닐까?

사르모굴 마을에서 함께 일했던 친구들. 가운데 검은 말 탄 이 중 가운데가 나다. 파미르고원을 떠나기 전 함께 콕 보루를 즐겼다.

소련에서 온 사람들은 자기들의 이념을 이식하고, 초원을 농지로 바꾸고, 관개 시설을 만들어 관리하더니, 설계도 한 장 남기지 않고 떠나버렸다. 그러는 동안 초원은 희생되었다. 초원의 삶은 정주식으로 바뀌었고, 초원의 사람들은 머리나 심장의 위치에 오르지 못한 채 덩그러니 남았다. 누군가 실수로 저수조의 철관을 깨뜨리자 물은 새 나갔고, 그렇게 말라버린 땅속의 철관들을 사람들은 생명 없는 것으로 여겨 장을 느끼지 못했을 것이다. 이미 죽은 것이라면 더 썩기 전에 캐내서 팔거나 활용하는 것이 무슨 잘못인가. 그러나 물이 다시 철관을 타고 흐르면, 그 자체는 무생물이지만 생물처럼 장을 획득한다. 사람들은 살아 있는 것을 대하듯 상수도를 대한다. 스스로의 머리와 심장과 손으로 생명을 불어넣은 것이므로.

생명의 시스템을 생태계라고 한다. 그것은 아득히 먼 옛날 우주에서 왔으며 지금도 우주와 이어져 있다. 생태계는 무한대로 이어진다. 끊어지지 않는 상태, 또는 울타리 치지 않는 상태는 공유의 장 안에서만 가능하다. 생태계 자체가 공유의 장이고, 그 안에서 살아가는 모든 존재는 공유의 장을 가진다. 오늘날 인간은 공유가 자연의 방식임을 명백히 깨닫고 있다. 지구는 뜨거워지고 있다. 왜 지구 전체가 뜨거워지는가? 지구가 끊어짐 없는 거대한 공유 시스템에 속해 있기 때문이다. 어느 날 전 지구가 불덩이가 되면 냉방 장치를 얼마나 구비했든, 개인의 방은 감옥에 불과해질 것이다. 공유의 가능성을 회의하며 행동하지 않는 사이, 우리는 공멸이라는 마지막 공유의 장으로 끌려가게 될지 모른다. 이것이 내가 유목을 다시 불러내는 이유다.